世の中と足並みが
そろわない

ふかわりょう

Fukawa Ryo

Yononakato
Ashinamiga
Sorowanai

新潮社

はじめに

結論から申しますと、私の方です、歪《ゆが》んでいるのは。わかっているのです。小学校の入学式。セレモニーが終わり、体育館を出てクラスに移動しました。新しい上履き、初めての教室。出席番号順に並んだ席で、皆そわそわしながら担任の先生を待っていると、一人の男子が動き出します。私はこういう者です、と胸につけた名札を両手で掴み、名刺のように他の男子に見せました。すると、僕も俺もと伝播し、教室中で始まる会社員の名刺交換ごっこ。差し出された名札を前に私は思うのです。

「終わった……」と。

期待と不安の交錯するあの1年1組の教室で私が感じたものは、絶望に近いものだったのかもしれません。覚えている範囲で、これが最初の社会との隔《へだ》たり。それから今日に至るまで、埋まったことはありません。ますます広がっている気さえします。今では、そう簡単にそろってたまるかと、むしろ足並みがそろうことを恐れるようにまでなりました。

私が日頃抱いている些細な違和感やそれに類するものが、誰かのためになるとは到底思えませんが、ひょっとしたらこの世界のどこかに共鳴してくれる人がいるのではないか、誰かの溝にもはまるのではないかという淡い期待。でも、たくさんいたら、それはそれで嫌なので、ほんの少しの人だけで、ちょっとした会食ができればいいです。

ここで出会ったのも何かの縁。あなたもどちらかと言うと、同じチームかもしれません。もしもあなたが、私ではなく、世界が歪んでいると感じたなら、きっと。

世の中と足並みがそろわない　目次

世の中と足並みがそろわない

略せない

私には、略す資格がない。

例えば三軒茶屋《さんげんぢゃや》、二子玉川《ふたこたまがわ》、略したことがありません。こうして表記することさえ抵抗があるのですが、「三茶《さんちゃ》」、「二子玉《にこたま》」と呼ぶにふさわしい基準を私は満たしていないのではないか。そんな葛藤があり、スッと言えないのです。無理して言おうとすると、孫悟空の頭のように喉がキューッと締め付けられ、何かの拍子に略してしまったら、罪悪感に苛《さいな》まれ、穢《けが》れた身体を洗うように、「三軒茶屋」を連呼するでしょう。長年住んでいたり、普段から度々足を運んでいたりすれば堂々と略せるのですが、あまり接点のない分際で「三茶」と呼ぶ自分に嫌悪感を抱いてしまいます。

教官に付き添われて「三茶」と発する仮免期間を経てから、もしくは、「もう、三茶って呼んでいいのだよ」と、夢の中で略称の神様から許可が下りる。そんな第三者のゴーサインが必要で、できるなら自己判断は避けたいもの。

だから、大して関わりもないのに、自分の庭のように「三茶」と発している人を見ると、憧れを通り越し、なんてデリカシーのない奴だ、きっと人の家に上がって勝手に冷蔵庫を開けるタイプだろう、と秘かに軽蔑の眼差しを向けています。

私には、略す資格がない。

地名だけではありません。アスリートやバンド名も、「え？　もう略してんの?!」と驚くことがあります。愛称としてマスコミが早々に略すのに乗っかって、まるで以前から知っていたかのように略す人に対しても、一定の距離を保ちたくなり。なぜ知ったばかりのものを略せるのか。ある程度フルネームで呼ぶ期間を経て、そろそろかなと徐々に略していくのが道理ってものじゃないのか。略すには、しかるべき時間と経験が必要なのです。

そんな私にも、基準を満たしているものはあります。地名で言えば「三宿《みしゅく》」。毎月DJイベントを開催し、レコーディング・スタジオがあるのも、会食するのも三宿。かれこれ20年以上、高頻度で足を運んでいるので、厳しく審査されてもクリアしている自負があります。

しかし、一つ問題が生じました。「三宿」は略しようがないのです。「ミシュ」や「シュク」にしたところで誰に伝わるでしょう。せっかく神様から合格のお告げをいただいたのに、略せない。あぁ、なんという悲劇。長い間、生活拠点となっている「自由が丘」も、略したことがありません。略称とされる「がおか」に魅力を感じないからです。略し方にセンスや品を感じない。せっかく資格を持っているのに。趣味の悪い車に乗りたくないのと同じで、「がおか」と口にしたくない。一方で、都内の環状線は、利用回数も相当なので、胸を張って「カンパチ」「カンナナ」と発し、おかげさまで「コンビニエンス・ストア」、「ファミリー・レストラン」とはもう呼んでいません。

そんな私がずっと不思議に思っていたことがあります。それは、「祖師ヶ谷大蔵《そしがやおおくら》」。東京在住ならご存知の方も多い、小田急線の駅名。こんなに長いにもかかわらず、いままで略している人に遭遇したことがありません。「ソシクラ」「がやくら」「ソッシー」など、やろうと思えばいくらでもできるのに。なぜ誰も略さないのか、ずっと疑問だったのです。しかし、答えが出ました。「祖師ヶ谷大蔵」には、略してはいけないと思わせる神聖な美しさがあるのです。見た目もさることながら、流れるようなフレーズは口にするだけで心が洗われる気分になります。だから皆、「祖師ヶ谷大蔵」と略さず呼んでいるのです。「清澄白河《きよすみしらかわ》」「小竹向原《こたけむかいはら》」も、略してはいけない美しさが宿っているのでしょう。

もちろん「三軒茶屋」と「二子玉川」に美しさがないとは言いません。それよりも「三茶」「二子玉」には計り知れない語感の気持ちよさがあるのです。「んちゃ」には童心に返れる音、「ニコタマ」にはちょっと卑猥でキュートな響き。発した時の口も気持ちよく、クチスタシー指数（私の造語です）が非常に高い。接点のない人されも口にしたくなるような快楽が伴い、略称が広く浸透する。結局、人は気持ちのいい表現を選ぶのでしょう。

「はい、ちょっと停まって！」

スクーターでT字路を曲がった時です。ちょうどそこで待ち構えていたのか、警官に呼び止められました。

「君、いま違反したのわかってる？」

「えっと、なんでしょうか？」

「あそこね、ウキンなんだよ？」

彼は道路標識を指さしています。

「ほら、ウキンの標識あるでしょ」

「ウキン？」

一体なんのことなのかわかりません。

「気づかなかったかもしれないけど、違反だから切符切るね」

どうやら「右折禁止」を「ウキン」と略しているようでした。私は、切符を切られたことよりも、そちらにショックを受けます。

「右折禁止」に違反してしまったことはいけないのですが、取り締まる側が「ウキン」と略すなんて。何万回と発しているでしょうし、略したくなる気持ちもわかります。ただ、署内や同僚たちの間でいくら略そうが構いませんが、公の場で取り締まる際に「ウキン」と言うのは、いかがなものでしょうか。こちらの方がむしろ、略称違反で切符を切りたくなったほどです。


業界用語にも抵抗があります。いわゆる、逆《さか》さに言う慣習。

ザギンにシースー、ギロッポン。ギャグで言うのは別として、自然に発するのは芸能界に26年在籍する私も抵抗があるのは、まだどこかで「芸能人」という自覚が足りないからでしょうか。『徹子の部屋』こそ呼んでいただきましたが、いわゆるザ・芸能人になれていない。逆に、駆け出しの若手が「フジテレビ」を「CX」と呼んだり、「ケツがあるので」などと発していると、そういう、形式に憧れている奴はきっと売れないだろう、と心の中で査定しています。

余談ですが、「バーター」という言葉。これも業界用語で、「抱き合わせ」を意味しますが、「束《たば》で」というキャスティング時の言葉を逆さに言っているそうです。それを知った時には、これまで無意識・無自覚に業界の慣習に従ってきたことへの恥じらいと嫌悪感に襲われ、大切な何かを取り戻すように「束で」という言葉を何度も口にしました。

下の名前で呼ぶのも抵抗があります。同性はもちろん、異性に対してはなおさら時間がかかるタイプで、それこそ仮免期間が必要になります。

「なんて呼んだらいい？」

若い頃は、互いの名前をどう呼び合うか話し合う、甘い時間がありました。呼び方は、二人の距離を象徴し、実感するものでもあるので、下の名前で呼ぶにはそれなりの関係性を構築する時間が必要です。しかし、これに関しても、大して関係性を築いていないのに、平気で下の名前で呼べてしまう人がいました。

学生時代。サークルの女子に対して「カオル、飯行く？」とか「ヒトミ、今日来てないの？」とか、付き合ってもないのに自然に下の名前で呼ぶ男。一体、どういう家庭環境で育ったのか。どこかで特別な訓練を受けたのか。帰国子女ならまだしも、埼玉に住んでいる分際で、そんなに親しくない女子たちを下の名前で呼んでいる。いつ距離を詰めたのか。いや、そう呼ぶことで詰めているのか。どこかで羨ましいという気持ちもあったかもしれません。しかし、私はそんな男にはなりたくない。そして、よほどのことがないと下の名前で呼べない自分を、嫌いにはなれない。

外資系では、社員同士、相手が上司だろうが敬語を使わず下の名前で呼び合う会社もあるようです。そんな環境に配属されたら、私の体はたちまち蕁麻疹《じんましん》のようなものが出て、「下の名前外来」に通院することでしょう。それに慣れてしまっても嫌なのです。

そもそも海外の略し方は理解に苦しむものが多いです。ロバートがボブになったり、リチャードがディックになったり。もはや、略すというより変換。ボサノバのアントニオ・カルロス・ジョビンは、トム・ジョビンになっていたり。どこから「トム」はやってきたのか。「鈴木みゆきなので、チコって呼んでください」みたいなことでしょうか。非常にアメージングな世界です。

「常連」と呼ぶことにも、私はシビアな基準を設けています。2、3回行ったくらいでは「常連」とは言えません。しかし、一度しか行っていないのにもかかわらず、常連面する奴もいます。自分が常連だと思っていても店側がそう思っていない場合がある一方で、芸能人などは、一度しか行っていなくても「よく来るよ！」と誇大広告を出されたりします。わんぱくでもいいが、大して行っていないのに「行きつけ」「常連」感を出すような男には絶対なるなと、息子がいたら言うでしょう。

そんな私に、先日、「常連」を決定づける出来事がありました。

「鼻うがいの洗浄液ありますか？」

ドラッグストアのレジ。いつもならレジを飛び出して探してくれるのですが、その時スタッフは、その場で手を伸ばします。

「はい、こちらですね」

そう言って付箋を剝がし、バーコードを読みました。感動です。私の分をキープしておいてくれたのです。というのも、以前同じ商品を尋ねた際に品切れが続いていたことがあり、入荷の際に取っておいてくれたのです。お願いしたわけじゃないのに。鼻洗浄液のボトルキープ。私にはジャック・ダニエルに見えました。これこそ「常連」のなせる業《わざ》。関係性の構築によって生まれたものでしょう。


「え？　エベレストじゃないの？」

私は心の中で言いました。昨日までみんな「エベレスト」と言っていたのに、ある日突然、「チョモランマ」と言い出したのです。

「え、今までエベレストって言っていたのに……」

手のひら返し。裏切り行為に近い変わり身の速さに、幼心《おさなごころ》に衝撃を受けた、チョモランマ・ショック。

略すことも、下の名前で呼ぶことも、常連にしても、共通するのは、「親しみ」「親密さ」である一方で、「自分の支配下にある」ということの誇示にもつながる印象があるので、私は、そういう呼び方には慎重な姿勢を取っています。

簡単に略せてしまう人はデリカシーのない人間。きっとこういうタイプは、借りたシャーペンでも蓋の部分についている小さな消しゴムを使えてしまうのだろう。きっとTシャツの襟をぐいっと引っ張ってハンガーを出し入れできるのだろう。タオルも一回使っただけで洗濯機に放り込めるのだろう。昨日まで「ベスト」だったのに、今日から「ジレ」と言えちゃうのだろう。

もし私が「三茶」と呼んでいたら、そういう人間になってしまったと悲観しないでください。きっと、許可が下りたのです。

放題地獄

　ソースとマヨネーズのレーザービームで、踊る鰹節に心も躍る。熱々のまま頬張って、口の中ではふはふ。とろとろの中から現れるタコの弾力と紅生姜のスパイス。絶妙なハーモニーを奏でるのは、そう、たこ焼き。お祭りの露店を見るとたちまち身体はたこ焼きモード。関西人でなくても愛好家は多いでしょう。ただ私、「たこ焼きパーティー」は好きではありません。誘われても断るようにしています。

　一度だけ経験したことがあるのですが、非常に後悔したのです。もう二度とやらないと決めました。

　最初は楽しい宴でした。女の子の家に招待され、みんなで買い出しに行って材料を準備して。いざ始まれば、うまく焼けたり崩れちゃったり、どう転んでも楽しいたこ焼きパーティー。しかし、途中から雲行きが怪しくなります。

「次、何入れる？」

誰かが言いました。

「私、チーズ入れたい！」

味に変化が欲しいと、誰かがチーズを入れはじめます。女子というのは、どうしてこうもチーズが好きなのでしょう。前世で何かあったのでしょうか。箍《たが》が外れるように、メンタイ、キムチ、チョコレート、時期によってはタピオカも投入されたことでしょう。徐々に、クレープなのかピザなのか、なんのパーティーだかわからなくなってきて。終わる頃にはお腹が苦しく、もうたこ焼きの顔なんて見たくなくなっているのです。始まる前はあんなに好きだったのに。

薄々わかっていたのです、こうなることを。それなのに、女子と仲良くなれるんじゃないかという下心から、大好きなたこ焼きをダシにした自分が愚かで情けなくなります。こんなことで好きなものを失うなんて。

やはり、たこ焼きというのは、6個ないし8個と限られているから輝くのであって、無限にあるとそれはもう「たこ焼き」ではなく、球状にした粉を焦がしたもの。もう少し食べたいという名残惜しさが大事で、満腹になるまで食べるものじゃない。ましてや

「たこ焼きパーティー」のように、手を替え品を替え、次から次へと出てくると、そりゃあ嫌気が差すのも当然。かつては関西の各家庭にあるたこ焼き器に憧れたものですが、やはりお祭りとか外で時折遭遇するくらいが丁度いい。つくづく好きなものと頻度は上手にバランスをとるべきだと痛感しました。幸い、現在は食べられますが、もし今後たこ焼きパーティーに参加することがあれば、それは、たこ焼きに別れを告げる時だと決めています。

アメリカンドッグにも似たような感覚があります。私にとってアメリカンドッグは特別な食べ物で、サービスエリアとか旅の気分で頬張るものとしています。だから、たまに見かける、コンビニで買っている人。日常でアメリカンドッグを食べている人には奇異な目を向けてしまうのです。販売しているのだから購入者も少なくないのでしょうが、私にとって、非日常を実感するためのアイテム。普段食べたいとは全く思えないのです。ディズニーランドのチュロスもそう。あれはディズニーランドだからチュロスであって、家の中で咥《くわ》えたら単なる茶色い棒。好きだからこそ、一番輝く場所で手にしたい。ちなみに私は、ツナのおにぎりを食べたことがありません。ツナサンドはもちろん、缶詰からそのままいただくほど好きなのですが、見たくないのです、ツナが白米に囲まれている姿を。好きだからこそ。ミッキーをサンリオピューロランドで見たくないように。

「あぁ、お腹いっぱいプリンを食べてみたい」

少女はいつも嘆いていました。プリンが大好きなのに小さい容器だからすぐ食べ終わってしまう。いつかバケツくらい大きなプリンを食べたい。そう思って本当にバケツのプリンを作ったら、バケツが最終的に吐瀉物の容器に変わってしまったそう。やはり適量。夢は夢のままにしておくのが大人というもの。

その点、アイスのピノはさすがです。6個という絶妙な数。子供の頃は少ないと思っていましたが、これこそ日本のスタンダード・アイスとなった要因と言えるでしょう。ピノがもし8個入りだったら、それはクレオパトラの鼻の高さと同じくらい大変なこと。きっと今日のコンビニには並ばなかったでしょう。偉大なる6個。しかし、全て同じ味ではありません。まだまだあると思って食べる最初の1個と、残りが少なくなって一抹の寂しさがスパイスとなる4個目、そして最後の1個。食べる側の心境が変わるから、全て違う味なのです。だから私は、ピノのパーティーパックには異議を唱えています。

そう言えば以前、番組の企画でお饅頭だけで一週間過ごすという、人体実験に近いことに挑戦しましたが、お察しの通り、饅頭が大嫌いになりました。饅頭なんて1個で十分。しかも、ひたすら押し寄せる糖分に、意識も朦朧とし、生きる気力さえ奪われそうになりました。まさしく、饅頭地獄。

ケーキ食べ放題も大変でした。学生時代に女子と仲良くなるために行ってはみたものの、2つ目でギブアップ。あまりに辛《つら》いので、途中からサブメニューとして出ていたフライドポテト食べ放題になっていました。ただすごいのは女子たちで、ケーキだろうがシュークリームだろうが、延々と甘いものを食べられるのです。やはり女という生き物はアホなんじゃないかと感じましたが、彼女たちにいつも振り回されている男はもっとアホなのだろうという結論に至りました。それはさておき、甘かろうが辛《から》かろうが、「放題」にはいい記憶がありません。また食べ放題の時に生じる、「元は取れているか」という思考回路もくせ者で、単体で頼むのと食べ放題とどちらが得かと、一瞬でも天秤にかけてしまう行為が、器の小ささを突きつけられるようで嫌なのです。

「1時間いくらかな……」

車のコインパーキング。いやらしいのが、駐車料金を「1時間600円」とは表記しないこと。「15分100円」とか「20分300円」、中には「12分300円」なんて強気なところもあるのですが、基準が統一されていないので計算しないとわかりません。数百円の違いなのに、どっちがお得か計算している時間。

最近は、上限料金が決められていて、日中なら8時間停めても1500円、みたいに非常に良心的なパーキングが多いのに対し、一切そういった姿勢が見られない強気なパーキングに遭遇すると、「ここで停めたら管理者の思う壺!」と、空いていても利用せずに去ることもあります。だから、郊外でやたら低料金のパーキング、1日500円のような場所を利用すると、得も言われぬ快感があり、用もないのに停めに来たくなります。

放題で言うと、写真も撮り放題になりました。スマホで好きなだけ撮れますが、私が学生の頃は、まずカメラを日常で手にしておらず、持ってくるのは遠足など特別な日。それも24枚もしくは36枚撮りのフィルムを入れて。今では信じられないかもしれませんが、その枚数に収めていたのです。なんでもない日ならまだしも、遠足というビッグイベントで24枚。果たしていつシャッターを切るのか。限りがあるから一回を大事にしてしまい、今ならなかなか押せなさそうですが、当時はそれが普通だったので、プレッシャーや、足りないという感覚すらありませんでした。

いつの頃からか集合写真は、「一応、もう1枚」と2枚撮る習慣がつきました。多いと3枚の時もありますが、あれは本当に苦手です。念のためってなんなのでしょう。しかも「僕のスマホでもいいですか?」「私のもお願いします!」と、結局12枚くらい撮ることになって。データで共有すればいいのに、何のためのデジタルなのか。フィルム時代はここまで撮らなかったと思います。

何枚でも気にせずに撮れるから、どの瞬間もカメラに収めたくなり、写真は記録と同時に、誰かに伝えるためのツールになりました。日常を見て欲しい。私は人の日常なんて全く興味ないし、自分の日常を見て欲しい願望もありません。

あの「24枚」という制約の中で撮影された写真は、たとえ半目でも味わいのあるものでした。しかも、現像してもらうのに1日待っていたのですから。やはり、限られたものの中にこそ美が宿るのでしょう。最近の画像は綺麗かもしれないけど、あまり魅力を感じないのは「放題」のせいかもしれません。動物の耳や鼻をつけているのを見せられて、こちらはどのような感想を述べたらいいのか。みんなが可愛く映っていることに恐怖すら覚えます。ブスはどこに消えたのでしょう。

昨今のサブスクリプション。音楽や映画の配信から、飲食店や自動車、ホテルまで定額制サービスが浸透し、すっかり社会は「サブスク天国」のようですが、私はあまり惹かれません。数十万曲聴き放題。このフレーズはとても素敵なことのように聞こえますが、私は、あり過ぎて聴く気にならないのです。むしろ、サブスク地獄。本当のサービスは、あまたある曲の中から嗜好に合わせて数を絞ってくれること。だからと言って、AIに「この曲を聴いた人はこんな曲も聴いています」なんて紐付けされても気持ち悪くて聴く気が失せます。出会いは欲しいけど、そんな形で出会いたくない。

かつて、飛行機でたまたま隣の席に座られた映画評論家のおすぎさんが、ご自身のカバンに手を突っ込んだかと思うと、「ふかわみたいな考え過ぎちゃう人は、これ見て頭空っぽにしてこないとダメ！」と、映画のチケットを渡してくれました。私が自分の判断では選ばない、人生で出会わないであろう作品を、おすぎさんは教えてくれたのです。視野を広げてくれる。これもサービスであり、優しさではないでしょうか。

また、数十万曲を手に入れたことと引き換えに、一曲のありがたみも失っている気がします。配信ドラマも、どんなに面白くても、私は途中で飽きてしまいます。容易に手に入ってしまうから。映画館で観る方が緊張感もあり、心に刻まれる度合いも深いのは言うまでもありません。

俳句や短歌がこれだけ長く愛されるのは、文字数が限られているからでしょう。番組でメッセージを募る際にも、「なんでもいいのでお便り待ってます」というより、「最近腹の立ったことお待ちしています」と、限った方が集まります。いつでもいいから原稿を書いてくださいと編集の方に言われたら、よほど意思の強い人じゃないとなかなか仕上がらないのも同じ。永遠の命を手に入れたら、生きている実感が湧かなくなり、人は自死を選ぶかもしれません。だから、私にとって「放題」は、地獄の入り口なのです。

サマーベッド'94

その日も気が重かったのは、ネタ見せのせいです。ネタ見せとは、ライブや番組に出演するためのオーディションのようなものですが、見せる側は全力でネタをやるけれど、見る側は客ではないので笑う気が一切なく、いわばお通夜でネタをやるようなもの。確かに、原石なんてほんの一握り。売れるかどうかわからない輩のネタをいちいち真剣に見ていたらキリがなく、実際、ほとんどがつまらないネタばかり。結果、名もなき若手芸人の人権は奪われ、その扱いは酷いものでしたが、我々もいつかビッグになってやるという根拠のない自信で、なんとか釣り合いは取れていました。

「次は曙橋」

慣れない都営新宿線が憂鬱さを増幅させます。駅の階段を上がり、人気《ひとけ》のまばらな商店街を歩いて向かうのは、バブルを謳歌して怖いもの無しのイケイケテレビ局。

「番組のネタ見せに来たんですけど」

有名タレントであれば顔パスでスルーできますが、名もなき若手芸人は一般人扱い。手続きをして指定の場所に向かってみると、そこは誰もいない会議室。ここであっているはずなのに。ケータイもなく部屋を出ようとすると、窓のカーテンが揺れています。

「もしかして？」

カーテンを捲《まく》ると、屋上のような空間が広がっていました。ゆっくり桟をまたいでみれば、待っていたのは「夏」。短パン、アロハにサングラス。灼熱の太陽を浴びる男が、サマーベッドに寝そべっています。

「あの、ネタ見せに来たんですけど」

大きなブルドッグが目を覚ますようにこちらを見ると、また寝てしまいました。

「いやいや、寝ちゃうんですか？」

「いいねぇ、突っ込むねぇ！」

もう、オーディションは始まっています。


最近はテレビでネタを披露する番組はたくさんありますが、かつてはほとんどなく、どんなに深い時間帯でも、どんなに短い枠でも、ネタ番組が始まるとなればそれだけで一大事。あらゆる事務所が若手たちをオーディションに向かわせます。ネットのない時代。テレビがダメならYouTubeという選択肢もありません。

「なにしに来たの？」「彼女いんの？」「サンドイッチ食うか？」

当時の私は、テレビ局のディレクターは皆、こういう横柄な人ばかりなのだと思っていました。

「じゃあ、どうする？　ネタやる？」

サマーベッドに寝そべるディレクターの横で、大きな室外機たちに見守られながら、私は、ネタを披露しました。

「逆光だからよく見えないな、守屋！　守屋！」

当時、無名芸人同様、番組のＡＤにも人権はなく、ディレクターにサンドバッグのような扱いを受けます。何をしても叱られる。用意したものには必ず文句をつけられ、殴られていました。他の現場では、陰でプロデューサーに殴られるＡＤも見かけました。見せしめなのか、見えていないと思っているのか、散々人を殴っておいて、「じゃあ、本番行こう！」と切り替える笑顔の恐ろしいこと。

「電源コードが届かねえじゃねえかよ」

「すみません、すみません！」

会議室の中であれば十分届くのですが、これもそういうものだと思って、なんとか消化していました。

「今日は、みんなに見せたいものがある！」

中学の美術の授業。緑色の薄汚れたトレーナーを着た先生がビデオデッキを抱えて入ってきました。大きなＶＨＳのテープが毛深い手から離れ、デッキに吸い込まれると、ブラウン管のテレビ画面に映し出されたのは、ちょび髭にステッキを持った男、チャップリン。モノクロの無声映画でしたが、タイトルも内容も覚えていません。一体、授業にどう関係していたのか。特に感銘を受けたという記憶もないのですが、あの日、教室で見たチャップリンが、私の胸に深く刻まれてしまいました。きっと、別のタイミングで見ていたら、何も残らずに消えていたと思います。

「多数決の結果、文化祭は、喜劇をやることになりました！」

チャップリンに魅了された少年は、高校に入り、自分の腕を試したくなりました。クラスの地味な方でも、ひょうきんなことをして人気を得るタイプでもなかった私は、普段、先生をいじったりすることで教室を和ませることに懸命だったのですが、クラスメイトではない、見知らぬ人を笑わせたいという衝動に駆られたのです。

幸か不幸か、文化祭での経験が私を勘違いさせます。「笑い」というものを生業にしたい。その少年は、二十歳《はたち》になると芸能界の門を叩きました。どうかしていました。いや、どうかしていないと飛び込めないのです。しかし、ネタと言っても一人でどうやったらいいのだろう。漫談や一人コントもあるけれど、私の力量では叶わず、ギターを使ったり、全身タイツを着たり、物に頼る日々。それなのに、プライドだけはありました。

「じゃあ明日、6時に集合な」

テレビ番組の収録のエキストラとして、ネタ見せに来ている名もなき若手たちが招集されます。マネージャーの解散の合図に、ぞろぞろと若手がネタ見せ会場を後にする中で、長髪の男だけが残りました。

「お、ふかわどうした？」

名前を覚えてもらっているだけでもありがたいことです。

「明日のこと、なんですけど」

「どした?」

「明日、行けないです」

「どした? バイトか?」

「いえ、バイトじゃないんですけど」

「じゃあ、なんだ?」

「これって、僕じゃなくてもいい仕事ですよね?」

若気の至りにもほどがあります。勘違いも甚だしい。多少売れているならまだしも、何も仕事をしていない段階。自分のスタイルどころか、笑いを一つも取っていないのに。

マネージャーも言葉を失っていました。

「僕である必要がないので、行きたくないです」

「でもな、番組の収録に関わることは大事なんだぞ」

優しくなだめてくれたのも虚しく、勘違い男は、とうとう現場に現れませんでした。

その事務所に今も在籍している訳ですから、ある意味奇跡かもしれません。しかし、天狗のように伸びた鼻はあっという間にへし折られます。ライブに出ても、「変なキャラ」とみなされているだけで、決して笑いを取っていない。笑わせているのではなく、笑われている。そんな試行錯誤と苦悩の日々を送る中で、運命的な出来事がありました。

「おい、レジにお客来てるぞ！」

ロックスターを夢見る男と芸人を夢見る男のペアが深夜のコンビニを守っていました。

「916円になります」

時給1050円で8時間労働。翌日は半日寝て、また夜バイトというリズムになっていました。

「……あ、6円あります」

小銭を受け取りながら、お客さんから発せられたこのフレーズが妙に引っかかりました。自分も客として発したことがある。このような、ごくたまに耳にするフレーズを集めたらどうなるのだろう。そんな意識を持ち始めました。当時は「あるあるネタ」という概念はありません。面白いのかわからないまま、いくつもの「あるある」がネタ帳に溜まっていきました。

それと同じ頃、レコード・ショップの片隅で手に入れたジャズのコンピレーション・アルバムがありました。「LONDON JAZZ CLASSICS 3」。この2曲目を耳にした瞬間、異変が起こりました。体に電流が走るような感覚。アイデアの陣痛とでも言いましょうか。以前からエアロビクスの独特な雰囲気と人工的な笑顔が気になっていたのですが、ネタ帳に書き込まれていたフレーズと重なり合って、頭の中で散らかっていたものが一つになったのです。

「勝負の日が来た」

芸能界の門を叩いて半年。エアロビクスのネタ、「小心者克服講座」を初めてお客さんに見せる日がやって来ました。都内のライブ会場。いつも以上に気合が入る中、私の出番が回ってきました。腰に手を当て体を揺らし、「あ、6円あります」のようなフレーズを8個くらい言うのですが、最初は全くの無風。しかし、3発目から場内の雰囲気が変わります。クスクスと少し反応が出てくると、それ以降は的を射抜くような手応えを感じ、ネタが終わり暗転すると、拍手とどよめきと、「今のはなんだったんだ」という大きな余韻が残っていました。1個目からではなく、徐々に受け入れられる感じ。私はこの時、「売れる！」と確信しました。調子に乗った私は、女性2名のバックダンサーを従えるようになり、それがテレビディレクターの目に留まったのです。

「バックダンサーだけどさ、サニーズって名前どう？」

室外機たちが応援してくれたおかげで、深夜番組のワンコーナーでネタを披露するようになりました。アマチュアバンドを世に輩出する番組だったのですが、実際に火がついたのは、白いヘア・ターバンにロン毛の男。当時ＳＮＳはありませんでしたが、深夜番組の熱量は高く、出演するたびに注目されていきました。特に、飯島愛さんは私のネタを気に入ってくれて、いろいろな場所で私の名前を出してくれました。また、ゲストにいらしていたアーティストの方もファンと公言してくれたおかげで、認知度も高まっていきました。

「このネタは、テーマ音楽があるからいいんだよ」

ネタにお馴染みの音楽があることがいいのだと、そのディレクターはしきりに言っていました。あまりピンときていませんでしたが、実際、電波に乗せる度にお客さんの反応も良くなり、街でも声を掛けられるようになりました。

「もしかしてさぁ、お笑いやってる？」

コンビニのバイトもしづらくなってきました。

「２０００人ですか?!」

その深夜番組のスペシャルが公開で収録されることになりました。アマチュアバンド数組と、当時爆発的人気を誇っていたウルフルズのライブ。そこで私がネタをやるというもの。しかし当時、お笑いライブは500人が限界と言われていました。それ以上だと表情や細かな動きが伝わらないため、音楽ライブのように、キャパを大きくすればいいというものではなかったのです。

「2000人だぞ、2000人！　気持ちいいぞ〜！」

期待よりも不安が上回る中、当日を迎えました。一通りのライブ収録が終わり、楽屋にこもっていた私は、2000人の聴衆で盛り上がる東京ビッグサイトのステージへ飛び込みました。ディレクターが言っていた通り、姿を現さなくても、音楽が鳴っただけで歓声が湧きあがりました。今日のために10名に増員されたバックダンサー。この会場の広さで言葉が伝わるか心配でしたが、それも杞憂に終わります。ほとんどの人がネタを認識してくれていたようで、一言発する度に、笑い声が波のように寄せてきました。

振り返れば、チャップリンとの出会いやバイトの経験などが、橋脚のように人生を支えていますが、当時はそれを橋脚だとは思っていません。それらがなかったら、どうなっていたかわかりませんが、一つ言えるとしたら、ネットのない時代でよかったということ。テレビに出たくても出られない、「届かない時間」が、私を育ててくれたと思います。今は何でも、すぐに届いてしまうから。

「気持ち良かったろ？　サンドイッチ、食っていいよ」

ラジカセは電池で駆動するものになっていました。

「今度、ネタのビデオ作ろうと思っているんだよ」

「ネタのビデオですか？」

「そう、この前のビッグサイトのも入れて、ふかわりょうの大小心者克服講座」

現在はその社屋もなく、重たい足取りで歩いた商店街の先には、背の高いマンションが建っています。２０００人という景色を見せてくれたディレクターもどうしているのかわかりません。夏の日差しと、室外機の音。サマーベッド'94。

La Mer（ラ・メール）

もう、誰も触れなくなりました。誰も訊かなくなりました。私の私生活について。かつては、「そろそろどうなの？」とか、「願望ないの？」とかあったけれど。今では実家でも気を遣っているのか一切触れなくなっています。そうです、私は不発弾。専門的知識を持った特殊な人物でないと、扱い方次第で爆発。だからみんな、触れないのです。ただ言わせてください。「結婚できない」のではなく、「結婚しない」だけ。わかっています。こういうことを言う人こそ、「結婚できない男」なのだと。

気がつけば46歳。この年齢でずっと独身ということはおそらく人格に問題があるのだろう。そう思われているかもしれませんが、その通りです。問題大有り、欠陥だらけ。一人暮らしが長過ぎたせいで、自分のペースが乱されるのも苦手。子供ができたら子煩悩でいいパパになれる気はするのですが、どうも結婚というものに飛び込めない。跳び箱の踏切台の手前で足を止めてしまう子供のように、考えちゃうんですよね。勢いで行けばいいのに。きっと、私は結婚しちゃいけない男。結婚で、相手も、自分も、幸せにならないタイプなのではないかと思っています。

しかし、理想の夫婦となると、やはり両親になります。厳格な父と陽気な母。私が子供の頃は喧嘩をしていることもしばしばありましたが、今は笑っているところしか見かけません。いつも二人で出かける、85歳と77歳。金婚式を過ぎた二人は、相変わらずいいハーモニーを奏でています。

こんなことがありました。

両親を連れて旅行に出かけたとき、安井曾太郎という画家の作品が見たいという母の提案で、湯河原の町立美術館に向かいました。小さな建物の裏にはちょっとした散歩道があり、草木の陰にひっそりと佇む石碑。その前に立つなり母は言いました。

「あぁ、これが、お弁当太郎の石碑ね」

お弁当太郎。藤子不二雄漫画に出てきそうですが、そんな芸術家は実在しません。石碑には、安井曾太郎と刻まれています。確かに、崩した書体で彫られているので分からなくもないのですが、普通、口にする前に気がつくもの。そもそも安井曾太郎の作品が見たいと言っていたのは母なのだから。かと思えば、旅館で温泉から戻ってくると、二人が部屋の中を行ったり来たりしています。

「食事の時は？　つけていたよね？」

どうやら、父の入れ歯がないとのこと。

「もしかして、盗まれたかしら」

父は、純金の入れ歯をしているのでしょうか。しばらくすると奥の洗面所で母の声が響きます。

「あら！　ここにあるじゃない！」

見にいくと、蛇口の横に並んでいました。あまりに自然に置いてあるので、気づかなかったのでしょうか。

「え？　こんなとこにあった？　おかしいなぁ」

そんな二人のハーモニーに和みながら、私は湯河原の梅酒を飲んでいました。


「そうそう、おいしい明太子があった」

実家で食事をしていると、母が冷凍庫から四角い包みを取り出してきました。以前届いた明太子を保存していたとのこと。しかし、開けて出てきたのは意外なものでした。

カチカチに凍ったカタログ冊子。福岡の明太子メーカーに似たロゴの包装紙だったので、勝手に明太子だと思い込み、数ヶ月冷凍していたようです。冊子の中に明太子の写真こそ掲載されていましたが、そんなことがあるたびに二人は大笑いしています。

「もしかして、今日、電話してない？」

ある日のこと。仕事を終え、自宅に帰り、食事を済ませた頃でしょうか。母から電話がありました。

「してないけど、どうして？」

「あ、そう。してないならいいんだけど」

そう言って、電話は切れました。妙な確認です。きっと何かあったのだろうと、少しして折り返してみると、すぐに白状しました。オレオレ詐欺です。

「上司のカバンをタクシーに置き忘れちゃって、そこに小切手が入っていたから、今なんとかしたいんだけど、すぐ下ろせるお金ない？」

声色や「上司」という表現に違和感があったようですが、我が子の仕事先でのアクシデントに、二人の冷静な判断力と理性は一瞬にして吹き飛びました。

「僕は仕事で行けないから、代わりに別の人を向かわせるので、その人に渡しておいて。

あと、電話はかけ直さないで」

二人は、すぐに家を出ました。向かったのは銀行。いくつも渡り歩いてかき集めてきたお金を、タクシーでやってきた見知らぬ若者に渡しました。

「よろしくお願いします」

心配そうに見つめる両親を後にして、タクシーは去って行きました。

「こんばんは、ふかわりょうです！」

生放送で息子の変わらない姿を確認し、安堵に包まれる二人。よかった、間に合って。きっと、ことなきを得たのだろう。そんな空気がやがて淀み始めます。

「どうして連絡ないんだろう」

あんなに慌てて電話をしてきて大金を渡したのに、その後、何の連絡もない。放送後に打ち合わせか反省会でもしているのだろうか。それとも別の番組の収録か。それにしても、メールくらいあっても良さそうなのに。時間だけが過ぎる中、二人のどちらかが気がつきました。

「もしかして、やられたかもしれない……」

そこで初めて冷静になりました。いくら普段、「オレオレ詐欺に気をつけましょう」という町内アナウンスを聞こうが、銀行ＡＴＭの注意書きを目にしていようが、我が子が大変な事態に遭ったらそんなもの頭に入らないのです。二人して疑わなかったのですから。私のケータイに着信があったのは、その後です。

「で、いくら渡したの？」

母は100万と言っていました。いくつか渡り歩いたと言っていたので、実際のところはわかりません。私の中でいろいろな感情が押し寄せました。

「だって、おかしいと思うでしょ！　なんで電話しないの⁈」

声に表れたのは悔しさと怒りでした。ここで両親を責めてもしょうがないのに。父は憔悴しきっていました。事が大きくなると余計に傷つくので、被害届は出しません。次第に私も冷静になってくると、体の中で異変が起きます。悔しさや怒りが消え、出てきたのは「両親の愛情」でした。子に対する親の愛情の深さ。こんなにも強いものなのか。多少の違和感があっても、なんとかしてあげたいという気持ちが勝ってしまう。その愛の深さを利用した手口は卑劣ですが、両親の惜しまぬ愛情に気がつけたことを考えれば、騙し取られた金額は決して高いものではなかったのかもしれません。

「そんな時計買ったらダメだろう！」

昔、父はよく怒鳴っていました。私もよく叱られました。私の高校入学前に、家族5

人で香港を訪れた時のことです。当時大学生だった長兄は単独で行動していたのですが、戻ってくると嬉しそうに腕時計をはめています。安いから買ったというその品は、いわゆるバッタものの時計でした。

「なんでそんなの買ったんだ！」

兄の笑顔は一瞬にして消えました。海外出張の多い父からすると、観光客相手の詐欺まがいの商売に、我が子がまんまと引っかかったことが許せなかったのでしょう。

「いいじゃん、安かったんだから。そんなに海外行ってないんだからわからないよ」

あの時、あんなに叱っていた父が。


40年ほど前の夏。甲子園で優勝した高校球児の凱旋式を見に行くことになりました。当時は今ほど開発されておらず、空き地が点在していた新横浜駅前。勇姿を一目見ようと押し寄せた群衆の中に、私たち家族がいました。高校球児たちが姿を現すと、現場はさらにヒートアップ。溢れる人の波に、身動きができないどころか、右に流され、左に流され、今にも将棋倒し寸前。死者が出てもおかしくない状況です。人の海に溺れる私を抱き、泳ぐように手を広げて、「押すなー！　押すなー‼」と叫び続ける父。体を預ける私は、ビーチサンダルが落ちてしまわないように、ひたすら足の指に力を入れていました。

「お笑いの道に進もうと思うんだ」

両親に伝えたのは、20歳を過ぎた頃。大学に進学した後にまさか芸能界に進むとは思わないだろう。いきなり話しても反対されるだけなので、オーディション番組で優勝したのをきっかけに打ち明けました。すると、意外なことに全く止めようとしません。深夜番組に出演していることをご近所の方に言われて薄々感じていたそうなのですが、三男だからなのか、好きなことをやりなさい、と。嬉しいけれど、暖簾に腕押しというか肩透かしというか、もう少し一悶着あってもいいのではというくらい無風でした。

実家にいる頃、父はよくピアノを弾いていました。私よりも芸達者で、バイオリンも弾くし、いまだに人前で演奏します。ピアノのあるラウンジで何時間も弾けてしまうタイプなのですが、私は、父のピアノがあまり好きではありませんでした。というのも、シャンソンだったりタンゴだったり、選曲が渋すぎて、好みではなかったのです。

しかし、一つだけ好きな曲がありました。「La Mer」。シャルル・トレネが1940年代に歌って大ヒットしたシャンソンの代表曲。これだけはお気に入りで、父のピアノの時間における唯一の好きな音色でした。

「弾いてみようかな」

やがて自分でも演奏したくなり、楽譜はなかったので父から直接教わりました。父のアレンジによる「La Mer」。弾いていると、父がバイオリンを取り出しました。

「ちょっと、続けてて」

私のピアノに合わせ、父のバイオリンが加わりました。親子のセッション。母はソファーに腰掛けて、フォションの紅茶を飲んでいます。子供の頃は、男がピアノを習っているなんて恥ずかしく、口が裂けても言えるものではなく、とにかくひた隠しにしてきましたが、今では嫌々でも始めて良かったと、父に感謝しています。

父は今でも大学時代の友人とタンゴの演奏会をします。たまに母がついていくと、お客さんは母しかいなかったと笑って報告します。実家にあった当時のピアノは売ってしまい、父とセッションする機会もなくなりました。もし私に家族ができて、子供が生まれたら、「La Mer」を一緒に演奏し、海のように深い愛情で育てたいと思います。

芸人よ、ピュアであれ

引っ越しは何度も経験しましたが、やはり初めての一人暮らしが一番高揚感がありました。22歳の頃。女性にとっては不安もあるでしょうが、年頃の男にとっては期待しかありません。夢の一人暮らし。自由、自由、自由。電話を親に聞かれる心配もないし、AVをこそこそ見る必要もない。横浜が実家なので不便さは感じていなかったのですが、事務所の社長から自立心を促すためと勧められたことを口実に飛んでいきました。

新築のワンルームマンション。オートロックにユニットバス、クッション・フローリングに小さな冷蔵庫。お湯を沸かす程度の電気コンロ。実家では当たり前にあったものも自分で揃えなければならず、親のありがたみを痛感しながら、無印良品などで家具や雑貨を調達。ちなみにデビュー当時に装着していたヘア・ターバンはそこで見つけたものでした。オリジン弁当は近所にあるし、ラーメン、牛丼、焼肉、お寿司、深夜だろうがお構いなし。食事に困ることはありません。あの20平米もない部屋で私は「一人暮らし」を謳歌していましたが、契約更新を前に、倍くらいの広さの部屋に引っ越しました。というのも、先人の教えがあったからです。

「部屋は、無理したところを選べ」

若手芸人の間でよく言われる言葉。家賃は背伸びしろ。浮き沈みの激しい芸能界。多少無理して払えるか不安になるくらいのところに住まないと、気持ちが落ち着いてしまい、闘争心やハングリー精神が減退してしまう。だから、死に物狂いで頑張らないと家賃が払えなくなる、そう自ら追い込むことが必要なのだと。私は、危険水域を選びました。

「今は、そんなにいりません」

デビュー当時、私は事務所に一風変わったお願いをしました。さほど下積み経験もなくテレビに出演し、軌道に乗ることができた私が事務所に要望したのは、大金を手にしたくないので、「そんなにいらない」ということでした。テレビ出演やCMなども決まっていた状況を鑑《かんが》みれば、そこそこの金額を稼いでいたと思います。しかし、大金という安定を手に入れては芸を磨くモチベーションが下がり、身を滅ぼしかねないという、芸人の「参考書」に従ったのです。加えて、いただいている仕事はあくまで事務所のおかげで、報酬をそのまま受け取るのは間違っている。腹が立つほど優等生な意識はいささか滑稽でもありますが、事務所からしたら悪くはない提案です。もっとくれではなく、そんなにいらない。結果、月に15万円。現在においても、ほとんどの仕事が事務所のおかげであることを鑑みると、貰えるときに貰ってもよかったと思いますが、それくらい安定が怖かったのです。

「芸人よ、不幸であれ」

これは、某バラエティー番組の有名ディレクターの言葉。芸人は、不幸であるべし。世の中に笑いを与える人物は不幸でなくてはならない。全てを得ている者に、「笑い」なんて与えられるわけがない。

「不幸」といっても色々あります。経済的なもの、生い立ち、容姿、離別。テレビ・タレントは、本人が「不幸」と思っているかは別として、人とは違う何かを持っていないと言葉に説得力が出ません。実際、離婚した途端に弾けるタレントさんは多いです。不思議なのは、女性の方がブレイクすること。男性は離婚すると悲壮感が漂うのかもしれません。どこかの国では、国王が非常にブサイクな女性と結婚した途端、治安が良くなったそうです。民衆は「不幸」だと捉えたのでしょうか。

私にとっての「不幸」はなんだろう。芸人として悩んでいた私が授かったのは、「お笑いに向いていない」という「不幸」でした。「絡みづらい」という不幸。番組共演者の皆さんが授けてくれました。藁にもすがる気持ちでしがみつき、「一言王子」「シュールの貴公子」ともてはやされた男は、声と体を張って、なんとかバラエティーにおける居場所を見つけることができました。「いじられ芸人」「リアクション芸人」、そして「汚れ芸人」までありますが、番組に一人置いておくだけで便利なのです。MCにとっても気を遣わずにいつでも振れるから安心で。世間では邪魔者扱いされようが、テレビの世界では重宝がられるのです。

そんな「いじられ芸人」には共通項があります。それは、本人は「いじられたくない」ということ。例外もいるかもしれませんが、私が知っている限り、ほとんどの人がそうです。自分はいじられるのではなく、いじる側の人間だと思っているのです。いじられ芸人は皆、現状に不服だったりする。でも、確かにそうです。周囲からしたら「いじられたい」願望が強い人よりも、いじられたくない人の方がいじりたくなるもの。そうして、私は、意に反しながらも、いじられてお金をいただくシステムに甘えることになりました。そんな私に転機を与えてくれたのは、ある一人の神様です。

バラエティー番組のロケの合間でした。私の隣に、出川哲朗さんが腰を下ろします。「ふかわ、最近どうよ」。このフレーズには深い意味はないので適当に返していると、出川さんは私の膝に手をポンと置き、言いました。

「ポスト出川は、お前だからな」

目が覚めました。この方もある意味、笑いの神様。出川さんの凄いところは芸人全員から愛されていること。芸人の中で出川さんに嫌悪感を抱く人はいません。でも、世間の反応は違いました。今でこそ行く先々で歓迎されますが、当時は嫌われ芸人の筆頭。抱かれたくないキャラ。どこへ行っても何をしても「出川、ふざけんな」。たくさんの勲章を持っていました。

「これは大変なことになった」

出川さんを尊敬しているだけに、生半可ないじられ芸人では「ポスト出川」は務まらない。このままでは取り返しがつかなくなってしまう。膝に置かれた神の手によって、私は舵を切りました。30歳の頃。意識の変化とともに仕事も減りましたが、流れ流されて漂着したのが、『5時に夢中！』という番組でした。

あの時、舵を切らなかったら今頃どうなっていたでしょう。結局、同じ場所にたどり着いたかもしれませんし、MCではなく、ひな壇で叫んでいたかもしれません。いずれにしても、「ポスト出川」にはなれなかったでしょう。

そんな、「膝ぽん事変」から十数年。あの日、膝に置かれた手の感触は今でも残っています。出川さんに向ける視聴者の目線にも変化が訪れました。お約束のリアクション芸に対し、「出川さん、かわいそう」そんな声が上がり始めたのです。笑い声の中に混ざる同情の声。「面白い」の尺度は千差万別とはいえ、大きな潮目の変化を感じずにはいられません。新しい尺度でも面白いのはもちろんですが、もう「出川、ふざけんな」と誰も言わなくなりました。この変化は、出川さんだけに起きたものではありません。

芸人に最低賃金は必要かという議論がありました。芸人を目指すなんて、のたれ死に覚悟ですから、保証がなくて当たり前。だからこそ、言葉に説得力があり、面白みが出るというもの。しかし最近は、生活や未来が保証されていないのはかわいそうで笑えない、という声が目立ちます。もう、不幸や過酷さでは笑えなくなってきている。優しい人たちが増えたのでしょうか。時代は変わりました。銀行だけは依然として冷たい目を向けてきますが。じゃあ幸福だったらいいのかというと、そうでもなさそうです。だから私は思うのです。

「芸人よ、ピュアであれ」

私がこれまで接してきた人のほとんどが繊細な人たちばかり。いかにもガサツそうに見えても実は繊細。それもそうです、我々は「笑い」を生まないと己の生きる価値がないと思ってしまう人種。些細なことに気を留め、誰よりも傷つきやすく、感動しやすい。そもそも、日々面白いことなんて起きません。平坦な道の中に、大きな起伏を感じて生きているのです。私が芸人予備校を設立したら、この言葉を黒板の上に掲げると思います。あとは、経験で手に入れた図太さでコーティング。

かつて、芸能界は遅刻が当たり前だった時代がありました。それが今では、時間通りに皆きっかり集まるようになりました。真面目な人たちの集まり。真面目にふざけている。しかし、ふざけるのが仕事の芸人も、ふざけるなと言われるようになりました。芸人が、不謹慎でなく、「常識」を求められる風潮。そうじゃないと、今は、笑えないのです。

芸能生活も26年。そんなに大金はいらないと言っていたタレントは、仕事を選ぶようになり、「もう少しなんとかならない？」とギャラに口を出し、「ここ休みにしてくれる？」と、自らのリズムを主張する、立派なタレントになりました。キャリアだけは長いので、マネージャーも私の意見を尊重してくれます。

事務所とタレントの関係というのも面白いもので、マネージャーは社員ですが、タレントはあくまで商品。個人事業主。国民健康保険も加入しています。海外では個人でマネージャーとエージェント契約を結んでいるイメージですが、日本の芸能界は芸能事務所が窓口となるので、どこかに所属していないとなかなかテレビの仕事は回ってこない傾向があります。一方、ネットでは事務所に所属せずに個人で動画をあげられるので、芸能界のあり方も今後変わっていくのでしょう。

「Loveではなく、Like」

それが、うちの事務所の方針。マネージャーのタレントに対するスタンスは、決して「Love」であってはならない。愛情は持っても、あくまで商品。ビジネスでなくてはならないということでしょう。ただ、それを掲げている社長は、若手のお笑いライブに行って皆にアドバイスしたり、おすすめの舞台を教えてくれたり、手紙を添えて誕生日プレゼントをくれたり、電話で親身になって相談に乗ったり、一番ルールを守れていないと思います。

デビューから今日まで、この仕事をやめたくなったことは一度もありません。気が重い時もありますが、多少の「嫌なこと」こそ継続には必要なもの。ただ、かつては爪痕を残すことに注力していましたが、今ではむしろ、爪痕を残さないことを心掛けています。目立ってなんぼの芸能界。いかに目立たず、波風を立てず。ひっそり細々と続けられたら。

「あの頃より、面白くなっているだろうか」

初めて一人暮らしをしたマンションから遠くない場所に住んでいるので、時折、前を通ることがあります。あの頃抱いていた気持ちが蘇る道。「面白く」なっているかはわかりませんが、少なくとも、繊細さは維持されているのではないでしょうか。それが時に、周囲に気を遣わせる要因になっているかもしれませんが。芸人よ、ピュアであれ。

アオハル白書

「ブラック校則」という表現に違和感を覚えるのは、そもそも校則なんてブラックなもの、理不尽で当たり前という認識があったからです。私が通っていた高校は都内の私立校。青山の外苑前にありながら、とても厳しく古風な雰囲気が流れていました。

例えば髪型。女子はおかっぱ、三つ編み、編んでいないおさげのうちどれか。男子はスポーツ刈りか、おかっぱ。私立おかっぱ学園ではありません。パーマも禁止なので、天然パーマの生徒は「天然パーマ証明書」を常に携帯。金髪や茶髪なんてとんでもない。ポルシェで登校するくらいの騒動になります。

校庭で一列に並ばされ、ジロジロと舐め回すように身だしなみをチェックされ、もはや学ランが囚人服に見えてくる、月に一度の全校朝礼。竹刀を地面につけて仁王立ちする教師ら数人が校門に並び、違反があれば物陰に連れて行き、厳しく指導する検問のような朝の光景。スカートが短ければ着替えさせられるので、コギャル全盛期でもスカートを短くする女子はほとんどいませんでした。

下校中に繁華街に寄ったり、カラオケやボウリングも禁止。行くなら一旦家に帰って私服に着替えてから。学校帰りに寄るからいいのですが。せっかく都心なのに、街に繰り出すことができません。寄っていいのは図書館くらい。帰りに渋谷で遊んでいた友人は、先生に見つかり即停学となりました。

校則の文言の中で目に付くのは「高校生らしい」という表現。屁理屈を言えば、茶髪や短いスカートこそ高校生らしいのですが、私の母校では、昭和初期の学生が「高校生らしさ」の基準となっていました。男女交際も禁止。しかし、10代の男女に守れるわけもなく、こっそり付き合う者はいましたが、交際していると見なされた生徒はマークされ、クラス分けで離されたり、修学旅行では違うグループにさせられたり、制裁を受けます。男女交際に厳しいわりに、教え子と結婚する教師は多かったので、生徒同士はダメでも、先生とならいいのかという、腑に落ちない習わしがありました。

高校1年の時に「彼女」と呼べる人ができました。初めての彼女。毎朝一緒に登校していました。吉祥寺に住んでいる彼女は井の頭線で、私は東横線で渋谷まで行き、銀座線のホームで待ち合わせ。競馬の出走ゲートのような広い改札を抜け、階段を上がって彼女をホームで待ちます。8時11分渋谷発。ポイントの通過で一瞬車内が暗くなること2回。外苑前の駅を出て、青山ベルコモンズを背にすると、秩父宮ラグビー場や神宮球場が見えてきます。慣れない黒の革靴で歩く青春の日々。校門をくぐるや、私の名前が耳に飛び込んできました。

「先に行ってて！」

心配そうな彼女の表情が遠ざかります。

「お前、これはなんだ？　これは？」

竹刀が動き出しました。

「これは、ベルトです」

「そうじゃない、この色だ」

「えっと、黒です？」

「黒？　これのどこが黒なんだよ」

竹刀の先端が茶色いベルトを突《つつ》きます。

「校則知ってるよな。ベルトは黒ってなってるだろ？」

「茶色も高校生らしいと思うんですけど」

「屁理屈言ってんじゃない！」

相撲のまわしのようにベルトを掴まれ、校舎の脇に連れて行かれる清々《すがすが》しい朝。ベルトの色が違うだけで大騒ぎ。私も、黒をしていけばいいだけなのですが、そこは若気の至り。その日は、ズボンが落ちないように気をつけながら過ごすことになります。

当時はブラック校則という概念がなかったので、単に校則が厳しいとしか受け止めておらず、文句を言いながらも、これをどうにかしようと立ち上がる者もいませんでした。対照的に、自由を謳歌していたのが隣の都立高校。制服も自由。私服でもいいし、制服でもいい。あまりに自由度が高いので、こちらが更に「塀の中」に感じられます。ただ、私にとっては、「塀の中」で良かったと思っています。仮に私服だとしたら、正直大変。今でこそ毎日同じ服で仕事場に行きますが、多感な頃、ましてや好きな女の子のいる場所に昨日と同じ服なんて死んでも着ていけません。だから制服の方が都合はよく、あの厳しさと窮屈さは、決して悪いものではなかったと思っています。

校則なんて、そんなものだと思っていたし、自由だろうが不自由だろうが、結局、それをどう受け止めるか次第。乱暴な言い方をすれば、生徒たちに心地よい校則なんて、ろくな人間にならないのではないかと思ってしまうのです。竹刀で何度も殴っていたら問題ですし、もちろん限度はありますが。だって、世の中が理不尽なわけですから。公平とか平等とかとんでもない。幻想です。社会に出たら理不尽だらけ。だから、学生の時に生ぬるい環境に置かれるよりは、それなりの不自由を経験した方がいいのではと思っています。そういえば、中学の時も理不尽なことはありました。

毎朝、片道40分の徒歩通学。市立なので、学区を選べません。田舎なら珍しくないのかもしれませんが、不公平になるからと、バスや自転車も認められず。徒歩5分で着く生徒もいるのに、公平・平等って難しいです。3年間もよく歩いたと思いますが、当時はそういうものだと思って、なんとかやっていました。寝坊して遅刻しそうになったら、こっそりバスに乗りこんでみたものの、先生の姿があって血の気が引く思いを何度も味わいました。「次からはダメだぞ」と大目に見てくれましたが。

当然、「買い食い」も禁止。だからこそ、部活で疲れた帰りに若干の罪悪感を抱きつつ手にしたお肉屋さんのコロッケは格別でした。あの日のコロッケを超えるものはありません。

「3時間目、自習だって!!」

そんな中学時代に痛い経験がありました。学校生活で最もテンションの上がる時間、それは「自習」。退屈な先生の話を聞かなくて済むし、ほとんどの生徒が「自習」を都合よく解釈して好き勝手に過ごしているので、休み時間とあまり変わりません。たまに先生が見回りに来ることがむしろスリルとなって、「自習」をより楽しませてくれるのです。「何してもいいぞ！」と言われたら、魅力も半減してしまうでしょう。黒板にチョークで書かれた二文字。私は教室中をウロウロして「自習」を謳歌していました。

その日、監督を任された先生は、別の学年の国語の教師でありながら、柔道部の顧問も担当し、生徒たちから恐れられている存在。柔道部なのに竹刀を手にしている光景を何度も見ていました。私は接点がなかったのですが、余計にスリルで興奮し、教室ではしゃいでいたところ、戸が開く音がしました。

「ちゃんと自習しているか」

慌てて元の席に着けば、意外にも何事もなかったかのように教卓に座る先生。

「え？　お咎めなし？」

静まりかえる教室。

「じゃあ、もうしばらく自習しているようにな」

そう言って、体が半分くらい教室から出たところで、先生は振り返りました。

「府川、ちょっと来い」

一回安心させてからの名指しにクラスがざわつきます。これはやばいやつだ。完全に怒らせてしまった。きっと生きては帰ってこられない。私はみんなに見送られ、教室を出ると、遠くに先生の姿が見えます。近づくにつれ、鼻歌のようなものがうっすら聞こえてきました。

「なんでしょうか」

鼻歌が止まります。

「お前……あんまり調子乗るなよ」

そうして、防御する間も無く、先生の分厚い右手が私の頬を捉えました。

戸を開けた時のみんなの青ざめた表情。正直、ほとんど接点のなかった先生から一発喰らうのは腑に落ちないところもありますが、運動も勉強も問題なく、余裕でジュニア・ハイスクール生活を送り、好きな女の子の前以外ではかなり調子に乗っていた私には、必要な一発だったと思います。仕事のビンタを除けば、人生で喰らったのは、2回だけ。その先生と、父と。

ブラック校則がいいという話ではありません。ブラック企業なんて言語道断。しかし、社会は真っ白にはなりません。だいたい政府がブラック企業なんですから。嫌な上司も絶滅しません。だからこそ、学生時代は多少理不尽なルールの中で過ごす方が、社会に出たときに免疫となって役に立つのではないでしょうか。

筑紫哲也さんが生前、こんなことをおっしゃっていました。「人間は、ストレスがなくなったら、死んじゃうんじゃないかな」と。当時は私も若かったのであまり深く考えませんでした。不満のない生活、なんの不自由もない生活には憧れますが、いざそのような生活が始まったら、人間は堕落してしまうのではないか。そこからは何も生まれない。筑紫さんがあのとき言ったのは、そういうことだったのかもしれません。

カウンター・カルチャーしかり。ロックを支えたのは、若者たちの不満。必要は発明の母と言いますが、不満や不自由から、エネルギーが生まれることもあるのではないでしょうか。不自由な方が恋も熱く燃えるのは言うまでもありません。だから、YouTubeがいくら「自由」と言われても私自身が惹かれないのはそのせいで、私はむしろ、テレビの中の制約にこそ、輝きを感じるのです。

最近は、「インタビューしたあのレポーター、意地悪だよね」という声が散見されます。以前からあった意見がＳＮＳで可視化されただけかもしれませんが、言わせてください。レポーターというのは意地悪するのも仕事です。追及する立場なのですから、優しいスローボールばかり投げる方がどうかしているのです。どんな相手でも取りにくいボールを投げるのが仕事。それでなければ真実は見えてこない。標的が好きなアイドルだと、「あの質問、意地悪！」と怒るくせに、政治家だと、「生ぬるい質問するな！」と自分に都合良く解釈している人が、私は大嫌いです。

実家の隣にある整体治療院。扉が開くと、男性が足元を確認しながらゆっくり階段を降りてきます。

「先生?!」

その人は、30年前に私を廊下に呼び出した先生でした。

「おお、ここに住んでいるのか、見てるぞ、テレビ！」

「ありがとうございます！」

先生はびっくりするくらい、あの頃のままでした。

「よく俺のこと覚えてたな」

「そりゃそうですよ、ここ、やられましたから」

私は左の頬を指しました。

「そんなことあったか？」

竹刀は杖に替わっていました。

ちなみに、高校時代の彼女とのその後はというと、別々の大学に進学し、何度かデートは重ねたのですが、結局、テニスサークルで出会った男性に奪われてしまいました。どうにか引き止めようと思ったのですが、一緒につけていたパーソンズのペア・ウォッチが、馬鹿でかい紳士用の時計に替わっていて、心が折れました。その彼とかどうかはわかりませんが、現在は幸せに暮らしていると思います。久しぶりに、フェイスブックにログインしてみようか。彼女が登録していないことを願って。

女に敵うわけない

こんな私でも、「写真撮ってください」と頼まれることがあります。勝手に撮られるのに比べれば悪い気はしませんし、芸能人はそう言われているうちが華。最近は、ほとんどの人がスマホで撮るので、自撮りスタイルで画面を覗くことが多いのですが、いつも気になっていることがあります。それは、スマホの液晶画面が割れている人が多いこと。ついさっき割れたばかりではなさそうです。大きく亀裂が入った状態のまま使用しているると見られるのですが、決まって女性なのです。

大変申し訳ありませんが、ここから先入観と偏見に満ちた文章が続きます。

もちろん、男性でもいなくはないですが、私の統計上、圧倒的に画面が割れているのは女性。女性が１００人いれば10人は割れているのではないでしょうか。いや、もっとかもしれません。私自身スマホもタブレットも割ったことはないのですが、ちょっとの亀裂ならまだしも、自分のスマホがバキバキに割れたら、そのままの状態で使い続けはしないと思うのです。女性はスマホを割りやすい理由があるのでしょうか。女性にとって画面の亀裂はあまり気にならないのでしょうか。車のフロントガラスにヒビが入ってもそのまま運転するのでしょうか。バキバキに割れている男性の腹筋のように、スマホもバキバキに割れている方がいいということでしょうか。それとも、フリーメイソンのような秘密結社の合図なのでしょうか。

先日、知人のライブで上演を待っているときのことです。

「もう、二回も割ったんだよ」

隣の男性二人の会話。私は、おそらくスマホのことを指しているであろうその言葉に、彼の画面が現在どうなっているのか確かめずにはいられません。果たして割れているのか。腰を持ち上げ、座り直すふりをして、彼の手元に視線を向けました。

「！！！」

二度も割ったという彼のスマホの画面には、一切亀裂が入っていません。やはり男性は割れたら直すのです。いつのことかわかりませんが、きっと「二度も」直しているのでしょう。男性はヒビが入ったまま使用しないのだと確信すると、開演のブザーが鳴りました。

割る人の数は男女でさほど変わらなくても、そのまま使う人が女性に多いから、遭遇する率が上がるのか。いずれにせよ、こんなにも女性のスマホが割れている原因を考えてみたくなりました。先ほども書きましたが、先入観と偏見に満ちた文章が続くことを予めお断りしておきます。


そもそも、メカやマシンに対するリスペクトがあまりないのではないでしょうか。一般的に男性は幼少期からそれらに対して憧れを抱き、かっこいい車やロボットなどに目を輝かせます。この中にはとても精密な装置が敷き詰められている。機械に対して、人間を超越したものへの畏敬の念すら抱いている。だから、機械を雑に扱ったりはせず、大切に扱う。それに対し、女性はぬいぐるみのような可愛らしいものに温かい視線を向ける反面、機械に対しては冷たく、尊敬のような意識は皆無のような気がします。ただ動いてくれればいい。あくまで道具。なので雑で適当な扱いをする。

また女性は持ち物が多いことも要因として考えられます。化粧道具だけでもカバンはいっぱいで、その中にスマホを剝き出しでぶっこむからファンデーションの角が画面を傷つける。カバンの中がぐちゃぐちゃな女性は嫌いではなくむしろ好きなのですが、スマホをその他のアイテムと同等の扱いをするので、財布を探しているうちに落としてしまうのでしょうか。

あと、女性の場合、たとえ画面が割れてしまっても、「うわ、最悪！」と発したら、それで終了するのもあると思います。男性は、割れてしまったこのスマホをどのように修理し、どこに持って行ったらいいのか、修理代はいくらくらいだろうかなど、瞬時に元に戻るまでのプロセスをイメージします。仮に男性が、「うわ、最悪！」と言ったとしても、それは、修理に至るまでの未来へ向けて発したものであるのに対し、女性のそれは割れてしまったこと自体への言葉。なんならそれで修理したことになってしまう。とりあえず「最悪！」と発したら、もう自分を省みたり、立ち止まったりせず、前に進んでいる。

解決することより、状況を共有することに価値を置いているのもあると思います。「見てよ、これ、もう最悪〜」と誰かに伝えて共有することによって、痛みから解放される。それで終わったものとみなされ、直すことにあまり意義を感じない。

解決することが目的ではないというのは、女性の相談に乗った時にも感じます。「不倫からなかなか抜け出せない」、そんな相談に男性は、理論的に考え、彼女がどのようにしたら幸福になれるのかを考察します。そして時には、いかに不倫が良くないことか、説教を垂れたり。「君にも多少、悪いところがある」と。これが一番ダメで、女性が最も求めていないところ。男性は良かれと思って全力で答えているのですが、女性はただ聞いてもらいたいだけで、解決策なんて微塵も望んでいない。「そっか、それは大変だね」と言っていればいいのに、男は状況を打開しようとしてしまう。女性は状況の報告をしているだけなので、間違っても「打開」してはいけない。この世から不倫がなくならないわけです。やめた方がいいなんて言うだけ無駄。だから、画面が割れていても、修理した方がいいなんて絶対言ってはダメで、「うわ、最悪！」には、「本当、最悪だね！」でいい。男性の「相談」は、解決に向かっていますが、女性にとっては「解決」が重要ではないどころか、悩みを楽しんでいるとさえ感じます。

行列に並んでいるのも女性が多いですが、訊いてみると、並ぶこと自体あまり苦ではないようです。私は並ぶのが苦手ですが、男性にとって「目的」に値するようなものも、女性にとっては「きっかけ」であって、そこへ向かうまでの会話の方が大事なのではないでしょうか。だから、タピオカでもポップコーンでも、別になんでも構わない。並んでいるその状況自体を楽しんでいる。しかし男性はあくまで目的が主だから、並んでいる時間を享受する感覚が弱く、万が一並んで食べたラーメンが不味《まず》かったらブチ切れそうになる。女性は、たとえ不味くても、並んでいた時間を享受できるのではないでしょうか。会話は、解決のための手段ではなく、それ自体が目的。なかなか方向性が見えない女性の話に、「先に結論言ってくれない?」と、男性がイライラするのも、そのためかもしれません。

そういえば、許しがたいことがありました。ラーメン屋のカウンターで女性二人がずっと会話をしています。ラーメンが出来上がれば止むかと思いきや、箸で麵を持ち上げてはスープに浸し、持ち上げては浸しを繰り返しながら、会話を続けているのです。

「ちょっと、いい加減にしなよ! ここ喫茶店じゃないんだよ! ラーメンは真剣勝負なんだよ! 食べるなら食べる! 話すなら話す! そんなに話がしたいなら喫茶店かファミレスにでも行ってくれ!」

頭の中で彼女たちを何度も外につまみ出しました。一体、この二人はラーメン屋をなんだと思っているのだろうか。主婦の方が、旦那さんに「簡単なもの作って」と言われ、たとえばと尋ねると「とんかつとか」と言われることに腹が立つと聞いたことがあります。私自身はとんかつが簡単だとも思わないので腹を立てる理由はわからなくもありませんが、それを言うなら、女性はラーメンを軽視していないですか、ということになります。ラーメンはいつも真剣勝負。武道にも通ずるものがあります。べちゃべちゃ喋りながら麵をすするのはあまりにも無礼なので、せめてラーメンを食べるときくらい、会話をやめることはできないのでしょうか。

学生時代、後ろの女子に背中を叩かれ、小さな紙を渡されました。「これ、○○ちゃんに渡して」と。授業中に手紙のやり取りをしている女子たち。よほど大事なことかと思いきや、「眠いね……」の文字。本当に今伝えないといけないことなのか、いや、今伝えないといけないのでしょう。女性にとって会話は呼吸なのかもしれません。話をしていないと生きていけない。だから、トイレにも一緒に行って会話をしている一方で、こんなこともよくありました。

学生時代の持久走。「○○ちゃん、一緒に走ろうね！」という女子たちのやりとり。ビリになりたくないからなのか、いつも一緒にいたいからなのか、みんなで手を取り合ってスタートしてみれば、本当に一緒に並んで走っています。合わせるほうが辛い気もするのですが。しかし、ゴールが近くなったときです。突如、一人がスピードを上げると、箍《たが》が外れたように、皆すごい形相で走り始めました。どこに余力があったのか、あんなに「一緒に走ろうね！」と言っていたのに、最後の最後で仲間を見捨てるかのような全力疾走。見事に裏切り合う女子たち。しかしすごいのは、そこで友情が切れるかというとそうでもない。男だったらあいつは薄情なやつだとなるのですが、そんなにシリアスに受け止めたりもしない。「一緒に走ろうね！」なんて言わなきゃいいのに。女子の「友情」と「かわいい」と「ハートマーク」ほどあてにならないものはありません。

飲み会で、女子が「可愛い子連れていくね」と言って実際連れてくるのは自分以下の子だというのは有名です。男性が思う「かわいい」と、女性のそれに乖離があるとはいえ、どう考えても自分以下だろうということが非常に多いのも事実。余談ですが、合コンのプロに訊くと、ブサイクな女ほど大事に扱えとのことです。中途半端な女性に限って自分以下を連れて来がちだけど、完全なブサイクは必ず美人と繋がっている。というのも、美人は自分の美しさを強調するために周りにブサイクを配置する習性があり、全てのブサイクは美人に通ずるのだそう。だから、決して邪険に扱ってはいけないのだと。

もう一つ、男からすると謎の行為があります。

A子が、B子とC子を誘って3人で会うことになりました。B子とC子は初対面。打ち解けるのが早いのはいいとして、その後、A子に何の報告もなく、B子とC子の二人で会っていたりするのです。これは私的にはあり得ません。だって、B子とC子はA子を介して知り合ったのだから、少なくともあと数回は3人で会うべきだし、今度二人だけで会うのならA子に報告するのが筋ってもの。この「筋」が私はとても大事だと思うのですが、なかなか女性には理解してもらえず。女性全員ではないにしても、男性に比べて、「筋」とか「情」の概念が希薄なのでしょうか。それは、元カレの位置付けにも感じます。

男の場合、たとえ別れたとしても、元カノはどこか以前愛し合った特別な存在だったりしますが、女性にとって元カレは、なぜか「クソ男」に変貌していることが少なくありません。恋人から「クソ男」に転落。つまり普通以下。何があったのかわかりかねますが、一度愛した人をよくそこまで落とせると思うのです。女性からすると、別れた段階で異性とすら認識しなくなってしまうようで、私のような考えこそ、勘違いも甚だしいのでしょう。新しい彼にとっては、未練タラタラよりもさっぱりしていいかもしれませんが、そこまではっきり切り替えられるのは、生物としての野生的なたくましさを感じます。

私は仕事上、女性と接する機会が多いのですが、スマホの画面こそ割れていないものの、割と「ガサツ」な方が多い気がします。実は、それがとても心地いいのです。自分にないものを持っているからでしょうか。波長が合う。旅行に行く際に荷物をパンパンにしてしまう私に、「そんなに持ってかなくたって、向こうでなんとかなるでしょ」と手ぶらで旅立てる人。そんな女性に生命力を感じるとともに、自分の小ささを実感するのです。

かつて、女性二人で住んでいるマンションの一室に呼ばれたことがあるのですが、衝撃を受けました。ゴミ屋敷だったのです。足の踏み場もなく、トイレも汚い。男子校よりも女子校の方が汚いなんて聞きますが、姉や妹がいない私にとって、その光景は女性不信になってしまうほどの惨状。やはり、男が抱く女性像というのはあくまでフィクションで、虚像なのでしょうか。それに比べて男はどうでしょう。まぁ単純なこと。嘘がつけない、芝居ができない。男はドキュメントで、女性はフィクション。はぁ、やはり女性には敵いません。

男の敵

「女の敵は女」。根拠はわかりませんが、旦那さんが不倫をしたら、怒りは旦那よりもその相手に向かうということでしょうか。女性に「泥棒猫！」と罵るけれど、男性に「泥棒犬！」と言ったら番犬のようにさえ聞こえます。漫画やドラマの描写にある、給湯室やトイレで陰口を叩くイメージがあるからか、女子は複数集まればすぐに悪口大会が始まる印象。おしゃれなカフェでパンケーキを食べながら、いない人の悪口を言うのが女子会なのだと思っています。相変わらずの先入観と偏見をお許しください。

では男の敵はどうでしょう。男でしょうか。私は、男の敵は斎藤工《たくみ》さんだと思っています。あの「斎藤工」さんです。彼が世に出たときから怪しいなと思っていましたが、断言します。彼こそ、男の敵です。

映画やドラマ、ＣＭ、数々の作品に出演している、日本が誇る素晴らしき俳優。『昼顔』は、男の私が抱かれてもいいとさえ感じました。子犬のような瞳、柔らかそうな分厚い唇。ユニークな役も自然に演じ、お笑いも好き。交友関係も幅広く、庶民的で性格もいい。最近は、出演だけでなく監督もされるそうで、もはや無双状態。これほど迷惑なことはありません。申し訳ないですが、あのような完璧な方が存在すると、我々のような「や、優しそうだね！」としか言われない男はどんどん肩身が狭くなり、女性から虫を見るような目しか向けられなくなるのです。

天は二物を与えることくらいは知っています。しかし一般的には、イケメンだけど性格が悪いとか、男前だけど笑いのセンスがない、みたいにどこかでバランスを取ってくれるもの。なのになのに！　全てクリアしていておかしいじゃないですか。こうなると、露出狂になるか、スーパーで万引きＧメンに引き摺り出されるくらいのことがないと辻褄が合いません。いや、たとえコートをばさっと開いても、「いいなぁ〜、私の前にも現れてほし〜」なんて声が上がるのでしょう。斎藤工さんのおかげで、理想の男性の基準がぐんと上がり、我々のようなしょうもない男たちは完全に行き場を失うのです。

私なんか、ただじっとしていても変質者扱いされるくらいですから、万が一コートをばさっと広げたらそのまま地獄行き。もう生きては帰れません。一方、運動神経が良くてもキャーキャー、運動神経が悪くても「可愛い！」「もっと好きになった！」。どう転んでも称《たた》えられる彼の好感度。ドラえもんがいたら「もしもこの世から斎藤工がいなくなったら」と言うでしょう。いや、その前に、斎藤工さんの日常を味わってみたいものです。一体、どんな世界を生きているのか。きっと見える景色が違うはずです。どこへ行っても人気者。ディズニーランドのミッキーのような感じかもしれません。

ちなみに私の場合、どこに行っても反応はだいたい同じです。「ふかわさんじゃないですか！　いつも見ています！」みたいに好意的に言ってくださる方がいると、こっちが驚くくらい、ほとんどが微風。そして呼び捨て。例えば飲食店で若いカップルの一人がこちらに気づくと、スマホを取り出してぽちぽちと素早く動く指。「え？　何？」と戸惑う彼女に見せる画面にはきっと「隣、ふかわ」。彼女は私を一瞥して「はは、ウケる！　でさぁ」という流れがデフォルト。

サインを頼まれたかと思えば、タバコの箱や割り箸の袋、どう考えても家に帰ったらゴミ箱行き。オープンしたてのたこ焼き屋さんで色紙にサインすれば、半年後には自分が書いたものが見当たりません。あった！　と思ったら、一番下の地面スレスレ。灰皿の後ろに隠れていました。あと数枚増えたら、押し出されて道路に置かれるでしょう。

以前利用していた成人向けのＤＶＤ販売店。わからないように変装して、節目節目に足を運んでいたのですが、数年ほど経ってからでしょうか。仕切りで互いの顔が見えないレジで、お釣りと一緒に色紙がすーっと出てきました。一体いつから気づいていたのか。随分長いこと泳がせてから出してくるとは。というか、顔がわからない設定を店側が壊してくるとは。

　山の上にある露天風呂。開放感もたっぷりで、ツーリングか大学のサークル仲間なのか、みんな和気藹々と談笑しながら浸かっています。その湯船に足を入れたときです。一瞬にして空気が変わりました。一人が気がつくと、互いにアイコンタクトをし合い、水を打ったように皆黙ってしまったのです。まるで指名手配犯を発見したかのような。私は、犯罪者でしたでしょうか？

　普通に歩いていれば「普通だよ、ウケる！」と言われ。新幹線のみどりの窓口。乗車変更の手続きをする際に、担当の女性が丁寧に応対してくれます。

「少々お待ちください」

　さすがプロ。表情一つ変えず淡々と処理をします。体を横に向け、カタカタと手際よく入力しながらパソコン画面を見つめる彼女の横顔、完全に笑っていました。堪《こら》えているから頬がプルプル震えています。こちらは何もやっていないのに、何か面白いことありました？　笑ってくれるならいいじゃんと言いますが、何もしていないのに笑いが起きても嬉しくないのです。

一番厄介で最も気をつけなければならないのが若者の集団。この前も、後ろのざわつきに嫌な予感がしていたら、偵察するように男が走ってきて私の顔を覗き込みます。

「ほんとだ！　ふかわだ！　興味ねー‼」

そう叫んで去って行きました。手榴弾がポケットに入っていなくてよかったです。

ただ、私のような人間にも応援してくれる人は少なからずいます。

「ふかわさんの魅力をみんなに説明しているんですが、誰もわかってくれません！」というファンレターが届いたり、「ふかわ、いいこと言うなぁ、好きじゃないけど」「これはふかわに賛同だわ、腹立つけど」「ふかわのくせに案外まとも」など、たくさんの温かいメッセージをいただいております。


こんな景色に囲まれている私が、斎藤工さんが普段眺めている景色を味わったら、体がおかしくなってまっすぐ歩けなくなるかもしれません。もちろん努力もされているでしょう。凡人にはわからない苦悩もあるでしょう。努力していてもそう感じさせないのも才能。でも、それがしっかり実を結んでいる。

じゃあ自分は努力しているのかと訊かれると、言わせてください。はっきり言ってしていません。いつだって革命待ち。トランプ・ゲームの「大富豪」で同じ数字の札を4枚誰かが出してくれるのをずっと待っています。現在の世の価値観では、全くやる気が起きないのです。

でも中学の時は違いました。朝、登校したら遠くで女子たちの騒ぐ声。近づいてきたと思ったら、私の周りに人だかりができています。

「え？　この子が新入生の府川くん？　可愛い！」

私の人生のピークでした。あまり信じてもらえませんが、足も速く体育祭では黄色い声援を浴び、バレンタインなども憂鬱ではありませんでした。どちらかというと、芸能界デビューしてから雲行きが怪しくなってきたのです。それまでちやほやされてきたから、ネガティヴな言葉に対する免疫がなく、精神的にも苦労しました。今はすっかり抗体ができていますが。

先日、子供向けの戦隊ヒーローの番組をふと目にして戸惑いました。全く入っていけません。ストーリーが目まぐるしく展開して、テンポに付いていけないのです。大人になったからなのか、子供にはこれがちょうどいいのか。ただ、一番引っかかったのはそこではありません。戦隊ヒーローが全員イケメンだったのです。

かつての戦隊ヒーローと言えば、イケメンのリーダーもいましたが、片や、カレー好きな太った男がいて、おっちょこちょいのひょうきん者がいてと、多種多様なキャラクターが戦隊ヒーローを務めるからよかったのです。それぞれに短所があるから人間的で感情移入できたのです。なのに、子供よりもお母さんを楽しませるためか、見事に全員イケメン。これほどの「悪」があるでしょうか。倒すべきは戦隊ヒーローの方です。ダイバーシティーとか言う割に、全然多様じゃない。それで悪党の方を応援しようとしたら、なんと悪党もイケメンだらけ。もう意味がわかりません。もはやイケメン・パラダイス。非イケメンは生きる価値なしと子供達に洗脳しているようなもの。

この世にヒーローなんていないのでしょうか。いや、いました。真の戦隊ヒーローは日曜の夕方、座布団の上に正座している着物を羽織った6人。年輪を重ねた表情と話術でみんなに笑顔を与えてくれる師匠たちこそ、真の正義の味方と言えるでしょう。

たまに、ロックミュージシャンが、男性限定のイベントを開催したりしますが、ああいうのも勘弁してほしいです。虫唾が走ります。俺は男にも支持されている、女のためにやっているわけではない。その姿勢に、さらに女性ファンが増える。大概にしてくださいさい。「俺は女が好きだ！　モテたくてやってるんだ！　男は来るな！」というスタンスの方が絶対かっこいい。見せかけの「男らしさ」に騙されないでほしい。

そういえば中学時代、先生に歯向かっている不良生徒を見て、「かっこいい！」「男らしい！」と、クラスの女子がキャーキャー騒いでいました。私は心の中で「アホか」「ちやほやすんな」と呟いていました。反抗や破壊する者がかっこいいんじゃない。何も言わず虫のように黙々と生きている者こそ、真の勇者なのだ。教育実習に来ている先生と付き合っている女子がいました。女子生徒からしたら彗星の如くやってきた素敵な大人。しかし、実習に訪れた学校の女子生徒に手を出す男ほどのクソはいますか？　もはや軽犯罪。なぜ、クソに気づけないのか。

世の女性たち、どうか気づいてください。調子に乗っている男には、必ずちやほやする女がいる。あなたたちが訳のわからないイケメンをちやほやするからいけないのです。本当のダンディズムを、本当の男らしさを、どうかわかってください。

初婚ではフェアレディZのような男性を選ぶのに、離婚すると、次はカローラのような男性と再婚する女性を見かけます。なぜ1回目でカローラの魅力に気づけないのか。デミグラスハンバーグを食べないと、豚汁の魅力に気づけないのか。恋愛は刺激でも、結婚は平穏って習わなかったのか。痛い目に遭わないと、見えないのか。

わけのわからないイケメンを、ちやほやしないでください。

いかがでしたでしょうか。いわゆる負け犬の遠吠えです。世の女性には響かないことくらいわかっています。いいんです。これが私のデトックス。以上で今日の施術は終了です。

蓄電おじさん

風の便りによれば、「雷親父」が絶滅危惧種に指定されているそうです。確かに見かけなくなりました。私が子供の頃は、たくさんいました、やたらと機嫌の悪い雷親父。怒っているところしか見たことがない。空き地で打球が場外へ飛んで鳴り響くガラスの割れる音。取りに行ったら見事な落雷。私も、ボールを取りに行ったら盆栽がしっかり割れていたことがありました。気づかれないようにボールを奪還するのは、インディ・ジョーンズ並みのスリルでしたが、後日、菓子折りを持って謝りに行きました。

「ここで遊んだらダメだ！」「うるさい、静かに遊べ！」

漫画のような広い空き地もなかったから、常にせめぎ合い。ゲームのように行く先々で現れては、大小の雷を落とす雷親父たち。最近はどうしているのでしょう。そもそも外で遊ぶ子供たちが減ってしまい、落とす場所がなく「雷親父」から「暴走老人」に変異してしまったのでしょうか。昨今のパワハラやモラハラの流れで、「サンダー・ハラスメント」と糾弾されるのを恐れているのかもしれません。

雷親父にはなりたくない。いつもニコニコしているおじいさんになりたい。私はずっとそう思って生きてきました。しかし、どうも怪しいです。自分が若さを失い始めてから、「近頃の若いもんは」という枕詞こそ言わないものの、すでに頑固親父にはなっていると思います。このままでは雷親父まっしぐら。いわば蛹《さなぎ》の状態。いつか蝶になって羽ばたいてしまいそうです。

「ら」抜き言葉などの言葉遣いが気になりだしたら終わりだと思っているのですが、時々ぐっと堪えることがあります。

「添加剤、入れておきましょうか」

ガソリンスタンドにて、運転席の窓を下ろすと異様に浅くズボンを穿いた若者が言うのです。タンクが綺麗になるのならと、言われるままお願いしました。

「それでは、こちらお会計です」

給油後、金額に戸惑いました。ガソリン代の他にしっかりと4本分の添加剤の代金が加算されています。

「え？　有料？　無料のサービスかと思ったんだけど！」

露骨には言えず、ぐっと堪えて渡すクレジット・カード。

彼の「入れておきましょうか」の「おきましょうか」にサービスのニュアンスを感じてしまったのです。私の頭の中では「せっかくだから、無償ですし、お得ですよ？」に変換されたのです。彼は、あえてそのように無償の雰囲気を出して罠にかけたのか、何の悪気もなく発したのか。いずれにしても、このままでは、彼の将来が心配です。ノルマを課せられて上司にいつも叱られているバイトが編み出した苦肉の策なのか。すっかり心のタンクは濁ってしまいました。

カー・ディーラーで車検に出すと、返却の際に綺麗に洗車されていることが多いです。これは「洗車しておきました」なのですが、この「おきました」は無償を指しています。大きく言えば、車検代の中に含まれるものかもしれませんが、明細書には少なくとも「洗車」の項目はないですし、私としても、「洗車してくれたんだ、ありがとうございます！」という気持ちになれます。サービスとして受け止められるのです。

このようなケースもありました。

「よかったら、剪定しておきましょうか」

インターホンのモニターに映る庭師姿の男性。近くを通りかかったら気になったので、建物脇の伸びている木を剪定しましょうか、と。ここでも「おきましょうか」。しかも「よかったら」とセット。この感じ、善意だと思うじゃないですか。これもしっかり有料。どうして無償の雰囲気を出すのか。

「私、流しの庭師をやっている者ですが、今お安くなるキャンペーンをやっておりますので、よかったらいかがでしょう」と言えばいいのに。すぐにインターホンで断られてしまう状況を打破するために生まれた手口なのか。私はガソリンスタンドの経験があったおかげで回避できましたが、被害が多発しているそうです。「しておきましょうか詐欺」。新手の押し売りでしょう。そりゃあ、引っ掛かります。

私は詐欺撲滅のために筆を執ったのではありません。「おきましょうか」という表現に、無償のニュアンスが入っているのではないかという確認がしたいだけ。ニュアンス裁判で最高裁まで争うつもりです。

料亭とか、お寿司屋などでもたまに微妙な時があります。「たけのこが採れたので、ちょっと召し上がります?」。これも「煮物たくさんできちゃったんで、よかったら召し上がりませんか?」という昭和の近所づきあいと重なるので、もしかしたら常連へのサービスかなと思うじゃないですか。でもやっぱり、有料。メニューにないものを提案してくれるのは嬉しい反面、断りにくい雰囲気づくりに、追い込み漁にかかった魚の心境になるのです。そこまでして「魚」を味わいたいわけではありません。

こんなこともありました。ドーナツ屋さんでテイクアウトをしたときです。注文したものの中に、温めてもらう商品があったのですが、会計を済ませて家に帰り、さて食べようと思ったら、あれ？　袋の中はドーナツだけで、温めてもらったホットドッグが入っていません。どうしたことでしょう。レシートにはしっかり反映されています。さては、入れ忘れたのか。

「先ほど伺ったものですが、注文したホットドッグが入っていなかったみたいで……」

レシートを片手に電話をすると、衝撃的な言葉が返ってきます。

「はい、お預かりしています」

いやいや、ちょっと待ってください。こちらはこれまでホットドッグを人やクロークに預けたことなど一度もありません。謝罪してとは言わないけれど、流石《さすが》にそれはおかしいでしょう。まるで私が「後で取りにきますんで、ちょっと預かっててもらえますか」と依頼したかのようじゃないですか。防衛本能なのか、天然由来なのか、そんな切り返しがよくできるなと感心してしまいます。じゃあ、今度これ預かっててくださいと言ったら、預かってくれるのですか？　ホットドッグの預かりサービスやっているのですか？

こうして、私の体内にはエネルギーが蓄積されていくのです。

喫茶店のカウンターで食べていると、手の届く位置にオムライスが湯気を立てています。誰かの注文なのか、賄《まかな》いなのか、どこにも運ばれないオムライス。次第に湯気も消え、見かねて店員さんに尋ねました。

「これは、なんですか？」

彼は私を見て言いました。

「これは、オムライスです」

私は、言葉を失いました。

「え？　オムライスって言うんですか？　これがあの有名な！」

と言うとでも思ったのでしょうか。どこからどう見てもオムライス。逆に彼には、私がどう見えたのでしょう。外国人に見えたのか。3歳児に見えたのか。確かに、「これは、なんですか？」と訊きました。だからと言って、額面通りに受け止め過ぎでしょう。

「What is this?」

「Oh, it's omlette rice!」

英会話の授業じゃないのですから。

電話でも時々あります。

「○○さんは、今日出社されていますか？」

「はい、います‼」

いやいや、「どういったご用件でしょうか」「お繫ぎしましょうか？」でしょう。どこの誰が電話で出欠を取っているのですか。額面通りにもほどがある。額面ハラスメントですよ。こういう間違いが許されるのは、綾瀬はるかさんだけです。

「これなんですか？」

「これは、オムライスです！」

「ちょっと、そうじゃなくて〜！　もう、可愛いなぁ！　今日もキュートだね！」

「ちょっと、もう！　セクハラですよ〜！」

蓄電する代わりに、しっかり鼻の下を伸ばしていることでしょう。

パスタ屋でのこと。おしゃれな内装で、間接照明の薄明かりに落ち着いたBGM。注文したパスタを食べていると硬いものが歯茎に刺さりました。取り出してみると、それは枝。木の枝。小枝がパスタの一番上に飾りとして載っていたのですが、どうやら食べてはいけないものだったようです。

「おしゃれにするのもいいけど、枝を載せるなら、照明を明るくしてくれ！」

危うく雷を落とすところでしたが、店内の雰囲気と今後も利用することなど総合的に判断し、我慢しました。こうして今日も、私の体内にエネルギーが溜まります。

コンビニでもたくさん蓄電できます。充電スポットです。レジに並んでいると、前の男の顔に見覚えがあると思ったら、彼は、このコンビニの店員。かつて私がコンビニでバイトをしていた頃は、休憩中に買い物をする時、迷惑にならないように、後ろに待っている方がいたら「お先にどうぞ」と譲るのが当たり前でした。

「今の人って、店員さんですよね？」

自分の会計の際に尋ねます。

「はい、今、休憩なんですよ！」

笑顔で返されました。「よくわかりましたね！」「店員が普通にレジに並ぶレアな光景を見られましたね！」と言わんばかりの表情。

河川敷も充電スポットです。サイクリングをしていると、椅子やテーブルを並べてバーベキューに興じている人たちを見かけるのですが、彼らの後ろには「バーベキュー禁止」の大きな看板。それだけならそこまで溜まりません。少し離れた場所にはちゃんとバーベキュー可能エリアがあり、みんな入場料を払ってやっているのです。ただ、そちらのエリアは管理されているから、ルールも厳しく音出しも禁止。しかも屋外にしてすし詰め状態なので、のんびりお肉も焼けたもんじゃありません。それなのに、禁止された場所では音楽を鳴らして、優雅にバーベキュー。結局、正直者が馬鹿をみるのか。

　こうして、私の体内には、日々順調にエネルギーが溜められています。最近は、蓄電スポットだらけで助かります。ただ、早くどこかで雷を落とさないと、漏電おじさんになってしまうので、このエネルギーで、スマホの充電でもできるといいのですが。

浮力の神様

「俺だよ、俺」

見知らぬ番号から着信があったので掛け直してみると、中年男性の声。そのフレーズに、ついに有名な詐欺に遭遇する日がやってきたかと警戒しました。

「俺だよ、俺、今何やってんの？」

酔っ払っているような、ふにゃっとした声。馴れ馴れしい口調ではあるものの、いたずらや詐欺の類ではなさそうです。しかし、頭の中で結びつく顔がなく戸惑っていると、予想外の言葉が聞こえてきました。

「ほんとですか⁈」

思わず、椅子の上で正座になります。

「今何してるんだよ、今度飲もうよ」
どこか甘えてくるような猫撫で声の主は、浮力の神様、タモリさんでした。

私がタモリさんと出会ったのは20代の頃。初めてお会いした時は、この世に実在するのかと感動したものです。しかし、この世界に飛び込んだのは紛れもなくテレビの影響ですが、実を言うと、タモリさんに強い憧れは抱いていませんでした。むしろ、「お笑いビッグ3」のゴルフ番組では、どうして他の二人がボケまくっているのに、一人淡々とゴルフをするのだろう。面白みもないし、大人気《おとなげ》ない人だなと、ネガティヴな印象さえありました。

その意識が変化していったのは、私が『笑っていいとも！』に出演するようになってから。数ヶ月に一度のゲスト出演を経て、念願の曜日レギュラー。それは、我々若手芸人にとっては夢のステージ。ついに芸能人の仲間入りを果たした実感を得ました。当時の私は気に入ってもらおうと、生放送の後はタモリさんにくっついて、一緒に食事をするようにしていました。

昼食は、いくつかのお店をローテーションしていました。壁が油まみれの定食屋さん、こぢんまりとしたお蕎麦屋さん、カウンターだけのラーメン屋さんなど。ご馳走を期待していたわけではないですが、全国ネットの司会をした後の食事にしてはとても質素で、庶民的な場所ばかり。奥の個室に案内されるわけでもなく、一般のお客さんとして利用していました。

昼食を済ませると、よくゴルフ練習場に向かいました。芸能人と言えばゴルフというイメージが強い時代。私も慌ててクラブのセットを購入しましたが、アルタに持っていくことはできず、ここでは見学。子供の頃、よく父の打ちっ放しについていったものですが、そこには、打ちっ放し仲間のおじさん達と談笑しながらクラブを握るタモリさんの姿がありました。さっきまでアルタでマイクを握っていた方が、いつの間にかごく普通のおじさん達に同化しています。周囲も気づいていない様子。打ちっ放しが終わると次の現場かご自宅に帰られるのですが、その日、タモリさんの口から耳を疑う言葉が飛び出しました。

「じゃあ、お前の家行くか」

冗談なのか本気なのか、あまりに唐突な提案。うちに来てどうするのか。何か審査されるのか。タモリさんを喜ばせるようなものは何もないし。不安が払拭されないまま、二人を乗せた車は、私の一人暮らしの家に向かいました。

渋谷の公園通りの裏にあるマンションの前で停車すると、運転手さんを残し、エントランスを通過する二人。当時、一丁前にも受付のあるマンションに住んでいたのですが、受付の女性はさぞ驚いたことでしょう。

「結構いいところに住んでるな」

相当散らかっているので一旦片付けタイムが欲しかったのですが、お待たせするわけにはいきません。エレベーターを降り、いつものように鍵を開け、タモリさんを連れて帰宅する午後3時。これは夢なのか。あまりにシュールで脳の処理が追いつきません。

「すみません、散らかってて」

しかし、タモリさんは玄関からなかなか進みません。棚の上にある植物や置き物を手にしては、一言添えてボケてくるのです。さっきまで全国に向けてボケまくっていたエンターテイナーが、今、たった一人の男を笑わそうとしています。私は、本番以上に油断できなくなりました。

「なんだよ、ピアノあるの？」

当時、部屋を占拠していた猫足のアップライト・ピアノ。おもむろに椅子に腰掛け、蓋を開けました。

「え、もしかして……」

タモリさんの指が鍵盤の上で動いています。どこかで聞いたことがある音色。

「白鍵だけ弾いてれば、な？　雰囲気出るんだよ」

それは往年のギャグ、「誰でも弾けるチック・コリア」。テクニックなどなくても雰囲気だけでジャズプレイヤーになれてしまうという、まさしくタモリさんの真骨頂。まさかこんな目の前で、しかも私のピアノで。こちらからリクエストしたわけじゃないのに。感動とともにますます頭が混乱してきました。気持ちを落ち着かせるために、キッチンで紅茶を入れて戻ってくると、タモリさんの姿がありません。

「あれ？」

タモリさんは、ベッドの上で仰向けになり、安らかに仮眠をとっていました。天に召されるような姿で。

その後、どのようにして帰られたのかは覚えていません。

気づいたことがありました。タモリさんは、どこに行くのも変わらない。本番に臨むことも、お蕎麦屋さんに行くことも、コンビニに行くことも、どこに行くにも、力が入っていない。さぁ、やるぞ！　みたいなスイッチがなく、脱力というか、まるで浮力だけで動いているようにも見えました。

「やる気のある奴は去ってくれ」

ラジオ番組が始まる時に、スタッフを集めて発した言葉。「やる気のない奴」ではありません。「やる気のある奴」です。力の入ったものは全体に悪影響を及ぼすということでしょうか。「みんなで頑張りましょう、よろしくお願いします」ではないのです。

ただ、そんなタモリさんの力の入っている場面に遭遇したことがあります。


「びっくりしてくれるかな」

タモリさんが経営する飲食店に、事前に伝えず訪れる計画を立てていました。ちょっとしたサプライズにでもなればと、気持ちを高揚させながらハンドルを握る高速道路。

「ここだ」

東京から2時間ほど。ヨットがお好きだからか、港に隣接したおしゃれなお店。外観からはタモリさんのお店だとわかりません。

「いなかったら、いないでいいし」

駐車場に車を停めると、私は胸を弾ませながら、お店の戸に手を掛けました。

「いらっしゃいませ〜!!」

ガラガラと戸が開くなり、威勢のいい声が飛んできます。アルバイトのスタッフさんだと思いましたが、その声の主こそ、ジョッキにビールを注ぐタモリさん。エプロンを着けて、どのスタッフよりも声を出していました。

「なんだよ、来るなら言ってくれよ」

席に案内されると、次々に料理を運んで来るタモリさん。

いらっしゃるとしてもお店の裏を想像していましたが、裏どころか、厨房どころか、ホールを誰よりも機敏に動き回っています。黙々と働く姿は、生放送の「タモさん」とは全く違うようでした。平日働いて、週末はお店で働いて。

しかも、タモリさんは一人で来ている可能性もあります。あくまで私の予想ですが、運転手付きの車ではなく、東横線などを乗り継いでやって来る。電車好きのあの方なら、十分あり得る話。一般の人になりすますので、誰にも気づかれず、どこにでも行けるのです。

そうしてお付き合いしているうちに、タモリさんがいかに偉大な存在であるか気づくようになりました。あの「ビッグ3」のゴルフのやりとりも、他の二人に同調せず、淡々と我が道をゆくスタイルがむしろ面白いのだと、私の中で考えが変わってきました。

『笑っていいとも!』では、出演者の中で誰よりも早くスタジオに入るのがタモリさんでした。およそ8000回もの放送で、一度たりとも遅刻をしたことがありません。

『タモリ倶楽部』でも、興味深いことがあります。本番の準備が整うと、車から降りて来られるのですが、現場に入る際に手渡された台本に必ず目を通します。しかし、実際には台本通りに進まないというか、成り行き次第なので、台本には大まかな流れしか書かれていません。でも、時にサングラスを持ち上げたりしながら、しっかりと台本に目を通す時間が必ずあるのです。これだけ長いことやっているのだから、「あぁ、大丈夫、大丈夫！」と省略してもいいものなのに。「力を抜く」と「いい加減」は違うのでしょう。

ご自宅を訪ねた時には、オーディオ・ルームを案内していただき、レコードや機材の話をしてくれました。猫たちがウロウロする中で、タモリさん特製のカレーライスをご馳走になりました。

野球選手は、ホームランを打つ際、力は入っていないそうです。同様に、ゴルフにしても、力で打つのではなく、力を抜いた状態でスウィングする。しかし、これがとても難しい。赤ちゃんが落下しても意外と無傷なのは、力が入っていないからでしょう。ピアノで大きい音を出す際も、力ではありません。ちゃんとしようと思うほど、力が入ってしまう。力を入れるよりも、力を抜く方が難しいのかもしれません。

海外の場合、映画の編集権は監督にないことが多いようです。監督は撮影したどのカットにも思い入れがあるので、全てを使いたくなる。その結果、本編が長くなってしまう。それは「ディレクターズ・カット」としての価値はあるかもしれませんが、興行収益を考慮すると、長尺が仇《あだ》となりかねない。監督が苦労して撮影したカットも、観客にとって不要であれば切り捨てる必要が生じる。引き算の重要性。何事においても、力が入ってしまうのは良くないのでしょう。デートでも力が入って緊張して、いつもはしないような失敗を招いてしまったり。手を離し、浮力だけでこの芸能界を漂うにはもう少し時間がかかるかもしれませんが、いつかそのようになりたいものです。

「すみません！　まさか掛かってくるとは！」

普段からよく電話があったり、頻繁にお会いしているならまだしも、あまりに突然の出来事に、即座に居住まいを正しました。

「なんだよ、いいよ、緊張しないで」

私も長いことこの世界にいますが、いまだに体が固まってしまいます。お会いする機会がなくなっても、自分が歳を重ねれば重ねるほど、タモリさんの存在は大きくなっていくのです。そんな尊敬する人を、一瞬でも不審人物扱いしてしまったことを激しく後悔する夜。

「いえ、私にとっては神様なので！」

無意識にこの言葉が出ていました。

今思うと、なぜあの日、私に掛けてきたのか。頭の片隅に置いてくれているのでしょうか。しかも、酔った時に掛けてきたことは、ただ掛かってくるそれよりも何倍も嬉しいもの。「今度、飲みに行こう」。それから今日まで、まだ神様からの着信はありません。いつか、二人でお酒を酌み交わしたいものです。グラスに浮かぶ氷をかき混ぜながら。

ポール・モーリアの微笑み

単なる「死」ではなく、世界を混乱させているウイルスによるものであったことが、私たちに深い悲しみと、これ以上ないほどの衝撃を与えました。笑いの神様の訃報。私も幼少の頃は『ドリフ』や『全員集合』に夢中になり、いつかあの場所に行って「志村、うしろうしろ！」と叫んでみたかった一人。テレビの世界に入るために「お笑い」の道を選んだのも、あの頃釘付けになって見ていた時間が大きく影響しています。それは私に限ったことではないでしょう。

私がお笑いを始めた頃は、「シュール」や奇をてらったものが横行し、「わかる人だけにわかればいい」と、尖ったスタンスがかっこいいという雰囲気がありました。ありきたりな「ベタ」な表現を避け、発想やセンスの笑いに走る。そうして私自身も、ドリフや全員集合のような「笑い」を、子供向けで古いものとみなし、敬遠するようになります。あんなに夢中にさせてくれたのに。反抗期のようなものでしょうか。しかし、続けていくうちに皆、気づくのです。わかりやすいものこそ一番難しいことに。子供からお年寄りまで分け隔てなく笑顔にできる「ベタ」な笑いこそ、一番偉大だということに。

この年齢になって見ると、あらためてその力量に圧倒されます。「間」と言い、「表情」と言い、完璧。言葉がなくても、動きや表情だけで面白い。悲嘆に暮れていたのに、いつの間にかあの頃のように笑っている自分がいました。当時は年増として扱われた由紀さおりさんも、今見ると、その扱いに違和感を覚えるほど瑞々《みずみず》しくて綺麗です。当時は子供だったからすんなり受け入れていましたが。

さて、追悼番組の中で、非常に腑に落ちるところがありました。それは、「けんちゃんはミュージシャンだから、この曲選ばないと思う」という言葉。これは、親交の深かった研ナオコさんがおっしゃった、番組内のしっとりしたBGMに対するクレーム。冗談っぽく言ってスタジオを和ませる意図があったのかはわかりませんが、たしかに本人が見ていたら「こんな暗い曲かけないでくれよ！　もっと明るく！」と言いそうです。ただ、腑に落ちたのはそこではありません。けんちゃんはミュージシャンだから。

もともとドリフターズは音楽グループで、ビートルズの来日公演で前座を務め、数々のヒットソングも生んでいます。クレージーキャッツからの流れを考えれば、ドリフターズを音楽グループと捉えることもできますが、子供の頃は、お笑い5人組が歌っているという認識でした。ただ、研さんの言葉は、本質や感覚がミュージシャンという意味のように聞こえたのです。

志村さんは音楽に造詣があり、数々のレコードを所有していたそうです。ヒゲダンスのテーマ曲も、元ネタはテディ・ペンダーグラスの「Do Me」という曲ですが、それを選んだのも志村さん自身だったそう。かなりのコレクターじゃないと遭遇しないもの。ただ、すごいのは詳しさではありません。その曲をピックアップする感性です。「変なおじさん」は沖縄歌手、喜納昌吉さんの「ハイサイおじさん」が、「だっふんだ」は桂枝雀さんの落語のくしゃみが元ネタになっていて、そこに目を付ける感性。志村さんのギャグの数々は、そういった数々のエンターテインメントからインスパイアされたのだろうと推察できるのですが、音楽的に言えば、曲のアレンジやサンプリング的なアプローチ。まさに、ミュージシャンなのです。

また、コントは「間」が命なのでリズム感が求められますし、台本から逸脱することも多いので、そのやりとりはジャズのセッションに似ています。考えれば考えるほど、志村さんはミュージシャンというのがしっくりきます。

「ロケットマン」というユニットを私と組んでくれた方でもある、元ピチカート・ファイヴの小西康陽《やすはる》さんのレコーディングに立ち会ったことがあるのですが、そこでも衝撃を受けました。レコードバッグから全く違うジャンルのお皿を数枚取り出して、順番にターンテーブルに載せます。ちょっとかけては、次のレコードを載せて。そうして取り込んだ音を重ねていくと、あら不思議。曲ができていました。楽器を使わず、数枚のレコードとターンテーブルだけで。

「ここをサンプリングしましょう」と言われたら誰でもできるかもしれません。志村さんも小西さんも、何がすごいかというと、自分のセンスで「ここを抽出して取り込みたい」と判断すること。普通の人にとっては通り過ぎていくものを、しっかりと捉え、自分のものにしてしまう。「このくしゃみが、だっふんだの元ネタか」と検証することはできますが、流れて消えるフレーズに価値を見出し、サンプリングして世に広めたわけですから、天才ミュージシャンと呼ぶべきでしょう。

電気グルーヴの「Shangri-La」という曲。これは日本でヒットしましたが、海外ではシルヴェッティの「Spring Rain」をイメージする人もいるでしょう。『踊る大捜査線』

や『サザエさん』のエンディング・テーマ、小沢健二さんの「ラブリー」など、元ネタを指摘できる曲は無数にありますが、ここのフレーズが最高だと思う感性が何よりすごいことなのです。名馬は1000頭に1頭の割合で存在するが、その名馬を見つけられるのは1万人に1人しかいない。ネットのない時代で、炎上しにくい環境だったのもよかったのでしょう。今同じことをやったら、いつかのエンブレムのように、これはパクリだと大騒ぎする人が出てくるかもしれません。

サンプリングではないですが、林修先生がブレイクするきっかけとなった予備校のCM。あれを見ると、林先生は常に「今でしょ！」と言っていたかのような印象を受けますが、実は、そうでもなかったようです。CM用にたくさんの素材がある中で、ディレクターがたまたまそこを切り取っただけ。無意識に発していた部分もあるかもしれませんが、少なくとも推しフレーズではなかったようで、ご本人としてもびっくりしたそうです。推しフレーズだったら逆にディレクターは採用しなかったかもしれません。

日本では、ヒゲのテーマがかかると両手をペンギンのようにして動きたくなります。パブロフの犬のように。では海外はどうでしょう。おそらくリズムには乗っても、我々がイメージする動きはやらないでしょう。もし、ヒゲダンスを知らない人があの曲を聴いて同じ動きをしたら、それはそれで曲の持つ力がすごいということになりますが、面白味すら感じないかもしれません。あの曲を見つけてから「ヒゲのコント」が生まれたのか、ヒゲの振り付けがあってからあの曲をあてたのか、どちらにしても凄いことです。

テーマ音楽で言うと、吉本新喜劇のテーマ。あれは新喜劇オリジナルではなく、トロンボーン奏者のピー・ウィー・ハントが発表した「Somebody stole my gal」という19 50年代のジャズ・ナンバー。ミュート・トランペットの音がコミカルなので愉快な雰囲気は万国共通かもしれませんが、あの舞台をイメージするのは日本人だけ。今や新喜劇のイメージを切り離すことはできませんが、テーマソングがない段階で当時の番組ディレクターが選んだそうです。よくぞ見つけました。よくぞ持ってきました。あの音が流れたら笑う準備が整う魔法の曲。作者本人はそんなつもりもなく書いたと思いますが。

手品のBGMで有名な「オリーブの首飾り」。ポール・モーリア楽団で大ヒットしましたが、手品をイメージするのは日本人だけのようです。最初に手品で使用したのは日本の女性奇術家のようで、ラジオで流れてきた曲が自分のパフォーマンスに合っているのではと、試しに流したのがきっかけで評判が広まり、今やすっかり「手品の曲」になりました。これがいいのか悪いのかは、作曲者が決めることでしょう。意外な形で使用されていますが、もしも作曲者に「手品のBGM用に一曲作って」と注文したら、おそらくあのような曲を作らなかったと思います。ちなみに作曲はクロード・モルガンというフランスの作曲家で、ディスコ・グループのビンボー・ジェットによる「嘆きのビンボー（El Bimbo）」がオリジナル。我々が手品とともに耳にしているのは、ポール・モーリアが編曲したものですが、かなりインパクトのあるオリジナルがヒットしなかったことも、ちょっとしたイリュージョンです。

ここまできたら触れておきましょう。ご家庭にある「お風呂が沸きました」を知らせるメロディー、これはエステンというドイツの作曲家の「人形の夢と目覚め」。まさか後世でこんなことになるとは「夢」にも思わなかったでしょう。逆に、お風呂が沸いたことを知らせる曲を書いてと言われたら、どんな曲を書いたのか。そのあたりはＡＩで試してみてもいいかもしれません。

90年代に巻き起こった「渋谷系」という音楽ムーヴメント。前述のピチカート・ファイヴやフリッパーズ・ギターなどが牽引していましたが、これはカーペンターズの「愛のプレリュード」などを作曲したアメリカのロジャー・ニコルズのレコードがきっかけと言われています。60年代に発表された１枚のレコードが、ネットのない時代に時と海を越え、日本で火がついたのです。実際、彼の曲を聴くと、元ネタが満載。もしもそのレコードに価値を見出していなかったら、あの一大ムーヴメントは存在しなかったかもしれません。

さて、志村さんがミュージシャンということですが、もしもお笑いでなく、本当にソロでミュージシャンをやっていたらどうなっていたのでしょう。テレビCMで三味線を披露している姿を拝見したことがありますが、それはそれで成功していたかもしれません。ライブのMCでギャグなどをやっていたでしょうか。

さだまさしさんが、もしもお笑いの道に進んでいたら、「関白宣言」をR－1ぐらんぷりで披露しているのでしょうか。もしかすると、お笑いの畑にいたら、「関白宣言」は生まれなかったかもしれません。イチローがサッカーの道に進んでいたら。あの女優が銀座のホステスだったら。ジョン・レノンがビートルズにいなかったら。しかるべき場所に生まれることも、ひとつの才能かもしれません。

黒人男性がものすごい剣幕でまくしたてている動画にドラムのリズムを足してみると、たちまちラップをするヒップホップアーティストに見えてしまうように、どんなフレーズも、リズムを足すと音楽になる。志村さんの数々のギャグも、子供の頃に体内を流れていた心臓のリズムに乗って、音楽として吸収されていたのでしょう。やはり、「けんちゃんは、ミュージシャン」。いや、誰もがミュージシャン。人生は、音楽なのです。

沈黙の音

棚を整理していると、一つだけ雰囲気の違うカップが現れました。茶色のコーヒーカップ、と言ってもマグカップではなく、壺のように胴体が膨らんで、手作りの陶器を思わせる歪《いびつ》な仕上がり。表面は、青と白で模様が描かれ、「MONSARAZ」という手描きの文字が、縁《ふち》の下をぐるっと一周しています。

「ポルトガルかぁ」

2009年の3月。海外一人旅を計画していました。欧州方面が好きで度々訪れていたのですが、まだ寒そうなのでもっと温暖な場所に行きたい、とはいえハワイやグアムなどに単身で行くのはどうも抵抗があると悩んでいた際、白羽の矢が立ったのがユーラシア大陸の西端の国、ポルトガル。それまで気にしたことがなかったのですが、亜熱帯・地中海性気候に属し、年間を通して比較的温暖で、この時期でも夏のような日差しとのこと。ここなら過ごしやすそうです。そしてもう一つ決め手となったものがあります。

「沈黙の音がする」

ガイドブックに書かれたその言葉に導かれるように、私は、ポルトガルへ発ちました。

ケーブル・カーに石畳の坂道。首都リスボンは世界中から観光客が集まる街としても有名ですが、各地に魅力的な村が存在します。例えば、奇岩の村と呼ばれる「モンサント」は、山の斜面に転がる大きな岩にくっつくように家が建てられていて、日暮れには岩々の隙間から西日が差し込み、帯状の光が無数に見える幻想的な時間が訪れます。また、白い建物が並ぶ村もいくつかあり、中でもポルトガルでもっとも美しい村の一つとされる「モンサラーシュ」は、「日暮れ時に沈黙の音がする」と言われていました。

「沈黙の音……」

音がないから沈黙なのに、音が聞こえるなんて。果たしてどんな音なのだろう。期待に胸を膨らませて飛行機を降りた私を待っていたのは、カラー・スプレーで落書きされた廃屋が並ぶ道。近代的な建物が並ぶ他のヨーロッパの街並みとは異なるようです。リスボン市内へ向かうバスが、背負ったリュックを大きく揺さぶり、体内に一抹の後悔のような成分が発生していることに気づかないふりをして、じっと手摺りを握っていました。

「ドラッグどう？」

バスを降りて最初に掛けられた言葉。広場には「愛と寛容の国」と書かれています。ガタガタとスーツケースを引きずりながらホテルに到着すれば、固いベッドに倒れこむリスボンの夜。天井の蛍光灯がチカチカしていました。翌朝、市内の観光もせず、レンタカーで高速道路に入ると、街を見下ろす大きなキリスト像が迫ってきます。やがてコルク樫や背の低いオリーブ畑が左右に現れ、夏のような日差しを浴びながら、それらの間を縫うように車は走っていきました。

私はもともとブラジル音楽のボサノバが好きなので、多少、ポルトガル語との接点はありましたが、会話なんて以ての外。しかし、道に迷えばわざわざ車で先導して案内してくれたり、皆気さくでとても親切。「ボン・ディア（おはよう）」「オブリガード（ありがとう）」、そして「笑顔」さえあれば充分でした。それを実感すると、昨晩の廃れた光景の印象も変わってきます。壊れたプロペラ飛行機が横たわる草原を撫でるように通りすぎる風。塀が壊れたままの建物。映画で見るような光景が車窓を流れる、初めてのポルトガル。大きな太陽が色褪せた世界を照らし、この日のために用意したギターの音色が、車内で弾んでいました。

「あそこかな……」

リスボンから3時間ほど。遠くに小高い丘が見えてきました。あれがきっと今日の目的地「モンサラーシュ（Monsaraz）」でしょう。オリーブ林を抜け、坂道を登ると目の前に城壁が立ちはだかります。この向こうに白い村があるのでしょうか。そして、「沈黙の音」は聞こえるのでしょうか。石畳の凹凸がスニーカーの底から伝わってきます。オレンジ色のスーツケースを揺らしながら門をくぐると、そこには真っ白な世界がありました。白い建物群が眩しいほどに陽光を反射し、対照的に、村の女性達は黒装束をまとっていました。

「ボン・ディーア！」

レモンの実をぶら下げた木が中庭から空へ伸びています。予約していた小さなホテル。案内された2階の部屋にはテラスがあって、遠く平原を見渡せます。Tシャツ一枚でオレンジジュースが喉を通過していく午後。時折聞こえるのは教会の鐘でしょうか。雲の影がオリーブ畑をゆっくり移動していきます。

「そろそろ、だろうか」

日暮れ時に沈黙の音が聞こえる。私は、地平線に吸い込まれる太陽を眺めながら、その時を待ちました。しかし、耳にしたのは、鳥たちのさえずりと鐘の音。沈黙どころか、賑わいでした。

ただ、日が沈むと村の雰囲気はガラリと変わります。白い建物は暗闇に消え、オレンジ色の燈《あかり》がぼんやり浮かび上がります。おとぎ話に出てきそうな木の扉の向こうには、レストランやカフェがあり、窓から溢れる明かりを頼りに歩く石畳は、目を向けるところすべてがポストカードのようです。幻想的な村の雰囲気に心を奪われ、すっかり「沈黙の音」を忘れた私は、部屋に戻るとそのまま眠りに就きました。

「ちょっと散歩するか」

時差ボケで夜中に目が覚めてしまい、外を散策することにしました。人の気配もなく、昼間の暑さは消え、時折冷たい風だけが通り抜けます。30分ほどで村を一周し、ホテルに戻ってきた時です。

「あれ？　おかしいな」

扉が開きません。内側から施錠されているのか、木の扉が外から開かないようになっています。全くそんな風に見えないのに、オートロックだとは。

「参ったな……」

再び夜の散歩になりました。冷たい風に吹かれ、さすがに体が冷えてきました。あとどれくらいこうしているのか、途方に暮れていると、あるものが目に留まりました。城壁を照らすライト。壁に埋め込まれた大きな照明が暖炉のように見えます。とりあえずこれでしのぐかと、手をかざして暖を取る深夜3時。すると、背後に気配を感じます。静かに動く黒い影。暗闇から現れたのは、一匹の猫でした。

「猫か」

手を差し出してみると、すり寄って私の足の周りをなぞるように動いています。この村で飼われているのでしょうか。

「一緒に暖まるか？」

一匹の猫と戯れる男の姿が、スクリーンとなった城壁に大きく映し出されていました。

「ほんと助かったよ」

付き添ってくれたことへの礼を言って去ろうとすると、猫がついてきます。餌も与えていないのに、人懐っこい猫です。しかし、部屋に連れて行くわけにもいきません。

「よし、今日は朝まで付き合ってやる！」

そうして猫と一緒に歩く石畳。広場の石段に座れば、隣でゴロンと仰向けになったり。出会ったばかりとは思えません。これは夢なのでしょうか。オレンジ色の燈が徐々に薄まり、白い建物が浮かび上がってきます。猫と一緒に迎えるモンサラーシュの朝。猫に別れを告げると、ようやくホテルの部屋に入ることができました。

「素敵な村だった」

沈黙の音を聞かないまま、チェックアウトして村をあとにします。強い日差しを反射しながら、向かうは300キロほど離れた「サグレス」という最南端の港町。


「ここから航海に出たのか」

目の前に広がる大海原。断崖絶壁に波が打ち寄せています。大航海時代。遠く海を眺め、黄金を求めて出航した船たちを想像しながら、私は風を浴びていました。今日はこの港町で泊まろう。しかし、体の中で妙なものを感じます。

「え、うそでしょ？」

体が、なにか叫んでいる。どうやら、ここに泊まることを拒んでいるようです。

「いやぁ、それはおかしいでしょ、何百キロ運転して来たのさ……。もしかして」

ここに居たくない。帰りたい。

「間に合うかな……」

私は再びハンドルを握っていました。モンサラーシュに帰りたい。でも、「音」のためではありません。あの猫に会うため。昨晩共に過ごしたあの猫に。自分で自分の行動が信じられません。大航海時代の勇者が聞いたらどう思うでしょう。異国の地で、猫に会うために300キロの道のりを往復。しかも、戻ったところで、会えるかどうかもわからないのに。北上する車を、海に浮かぶ太陽が追いかけてきます。

「ダメでしょ、餌なんてあげたら！」

子供の頃、家の近所をうろうろしていた野良猫を見捨てることができず、つい家にあった煮干しをあげてしまいました。案の定、その猫は家の前で待つようになってしまいます。当時すでに小学校に捨てられていた犬を連れて帰って飼っていたので、もう猫を飼うなんてことは天地がひっくり返ってもあり得ないことでした。無責任に餌を与え、親に叱られた私は、自転車のカゴに猫を乗せてペダルを漕ぎました。できるだけ離れた公園に。

「ごめんね、もう来ちゃダメだよ……」

急いで自転車に跨《また》がり、空になったカゴを揺らしながらペダルを漕ぎました。

振り返りたいけど、振り返れません。

「遠くの公園に置いてきた」

そう伝えると親も安心しました。けれど、翌日玄関を開けるとそこには猫がいつものように座っていました。あんなに離れていたのに。結局、それでも餌をあげずにいたら、いつの間にかいなくなっていました。

すでに陽は沈み、白い村はオレンジ色に照らされています。

「今夜、空いてますか?」

今朝チェックアウトしたばかりの日本人の再びの来館に、宿の婦人が目を丸くする21時。幸い空いていたけれど、果たして猫に会えるだろうか。あたりを見渡しても、その姿はありません。代わりに違う猫は見かけました。野良猫なんて、どれも似たようなものなのに、どうしてもあの猫に会いたい。鐘の音がオリーブ畑を降りていきます。

諦めきれず、宿の人に入り方を教わり、夜中の散策。まるで長年可愛がってきた飼い猫を探すようでした。しかし、城壁を照らすライトの前にも、仰向けになっていた広場にも、あの猫の姿はありません。やはり、夢を見ていたのでしょうか。中庭のレモンの木をぼんやり眺めながら朝食を済ませました。

「オブリガード」

急な来客にも対応してくださったご婦人に挨拶をして、ホテルを出た時です。

「もしかして」

曲がり角の石畳の上に黒い猫がいます。きっと、あの猫に違いない。スーツケースが走り出しました。

「来てくれたのか」

カランコロンと、教会の鐘が鳴り響きました。

こんなに振り回されたことはあったでしょうか。話によるとやはり誰かが飼っている訳ではなく、村のみんなに可愛がられている猫のようです。

「じゃあ元気でね」

白い村が遠ざかっていきます。木の扉の向こうで購入した、壺のような茶色のカップを乗せて、車はオリーブの道を走って行きました。

「もう、10年も経つのか……」

縁の部分が少し欠けています。コーヒーを淹れ、久しぶりにそのカップで飲んでいると、あの日耳にした鐘の音が聞こえてきました。

波子のため息

「待たせたね、さぁ、行こう！」

波子が仕事から戻ると見知らぬ男が立っていた。

「あなたは？」

「君のことを助けに来たよ！　さぁ、逃げよう！」

「逃げるって、どこへ？」

「君のいるべき場所にさ」

「いるべき場所？」

波子の目が大きく見開いた。

「行こう！」

男は波子の腕をぐいと引っ張り、走り出した。

踏切の向こうにある小さな喫茶店はいつも、大きなウッドスピーカーから良質なジャズの音が流れています。メニューは少ないものの、手作りのごまプリンが美味しく、水出しコーヒーとの相性も抜群。店主との音楽談義に花が咲き、つい長居してしまいます。

「海外のものなので周波数は違いますけど、ちゃんと聴けますよ」

置き時計のように並んでいる昔のラジオが、店内をカラフルに彩っています。今では考えられないくらいの大きさがむしろ魅力的で、こんな素敵なラジオなら、聴き心地も変わってくるでしょう。

ラジカセさえも見かけなくなり、今やラジオはスマホのアプリとして存在するようになりました。アンテナも、ノイズもないラジオ。実物のラジオを見たことがない、下手したら聴いたこともない世代もいるのではないでしょうか。タクシーの車内で運転手さんが気を遣って微かに流しているAMラジオの音。民謡が流れていたり、プロ野球の途中経過を尋ねたり。最近では後部座席にタブレットが設置されているので、そういったやり取りもなくなりつつあります。

子供の頃からラジオっ子だったわけでも、受験勉強中に聴いていたわけでもありませんが、家族で一台のラジオを囲んでいた記憶があります。

「やっぱりトシちゃんが1位だ！」

テレビがなかったのではありません。ラジオ局に電話機がずらりと並んだ、「電リク」全盛時代は、家族の中心にアンテナを目一杯伸ばしたラジカセが存在していたのです。

私が知っているだけでもFMラジオの雑誌は2誌ありました。『FM Fan』と『FM STATION』。前者がやや上品な大人向けだったのに対し、後者はサイズも大きくカジュアルで、番組表にもページを割いていた気がします。あらかじめオンエアする曲が書いてあり、好きな曲を見つけると蛍光ペンでチェック。レコードやCDで所有していても、ラジオでかかるとなぜか嬉しいもので、持っていない曲は兄にタイマーセットをお願いして、録音してもらいました。

『FM STATION』には、カセットテープのケースに入れるカラフルなシートが付いていて、そこに文字をこすってレタリング。テープに好きな曲をダビングし、自分だけのオリジナル・カセットを作って好きな人にプレゼントしました。

「ちょっと静かにして！」

テレビで歌番組が始まると、ラジカセを近づけてオレンジ色のボタンを押します。一発録りなので、録音と再生のボタンを同時に押すだけのオペレーションに、ただならぬ緊張感があったものですが、夕食の支度をする母の声や、まな板の音が入ってしまうこともありました。上書きを繰り返すので、曲が終わるといきなり知らない曲が始まったり、曲の途中でテープがプツッと終わったり。失敗はつきものでしたが、「録る」ことへの熱量は凄まじいものでした。カセットから伸びたテープを鉛筆でくるくる戻したり、指先で回した感触も懐かしいものです。

「なんだ、これは」

眠れない夜、ふとラジオをつけるとスピーカーから幻想的な音がこぼれてきました。オーロラのような、異次元空間に誘われる音。このまま吸い込まれて現実に戻れなくなってしまうのではないだろうか。そんな不安を抱かせるほどの浮遊した音は、ラジオ局の放送終了の音楽。当時は検索できなかったので何もわからず、時折遭遇するあの音に、現実と非現実の狭間、異次元の扉のようなものが見えました。映像以上の力を音に感じた瞬間。

だからと言って、私はラジオの中に入りたいとは思いませんでした。テレビへの憧れに比べれば、ラジオへのそれは強いものではなく、入りたいのはあくまでテレビ。しかし、私を救ってくれたのはいつもラジオでした。

デビューして数年後。テレビのレギュラー番組はほとんどなく、バラエティーでの役割もロクに果たせずにいた頃、初めてラジオ番組を担当することになりました。『ふかわりょうのハートに火をつけて』。水曜日の深夜3時から5時。こんな時間に聴く人なんているのかと思いきや、毎週たくさんのメッセージが届きました。山積みになったハガキやFAXには、筆圧や歪な文字に人柄が表れ、常連のラジオネームもいまだに覚えています。そんなラジオ番組で、地方イベントがあった時です。

「これは、まずいな……」

全く同じタイミングの同じ館内において、国民的大スターのイベントが開催されるとのこと。こんな状況下で私の方に来る人はいるのだろうか。片や飛ぶ鳥を落とす勢いのアイドルグループ。片や旬を過ぎ、鳴かず飛ばずのお笑いタレント。誰も来ないのではないか。そんな不安を抱えた私が目にしたのは、想像以上の長蛇の列。もちろん、国民的スターのイベント目当ての人たちです。

「まぁいい。少なくてもやるだけやろう」

半ば開き直ってステージに出れば、お客さんは数十名。しかし、規模は小さいけれど、自分のために集まってくれた人たちを見た時に体内で生じたものは、リスナーやラジオに対する愛情でした。

こんなこともありました。

「では、メモの準備はいいですか」

深夜3時。私はラジオブースで自らのケータイ番号を読み上げます。

「0－3－0－……」

今なら考えられない行為。というのも、当時ケータイを新しくするにあたって番号が変わることになったのですが、2台のケータイが共存する2週間、古いほうをリスナーのメッセージ箱にしたのです。

「たまに、出るかもしれないぞ！」

こんなことを言ったからか、電源を入れれば着信音が鳴り止まず。実際に出ることはなかったと思いますが、留守電がパンクするほどたくさんのメッセージが残されました。期間限定ではありましたが、普段は文字でしか感じられなかったリスナーたちの声に触れられ、とても新鮮でした。それから数週間後、とある男性から番組へ苦情が入ります。

「一体、なんてことをしてくれたんだ！」

相当ご立腹のようでした。それもそうです。新しくケータイを購入したら、知らない人からひっきりなしに掛かってきて、皆、「ふかわりょうですか?」と口をそろえる。間違い電話にしてはあまりにも多い。一体何が起きているのかと尋ねてみれば、ラジオ番組の企画だなんて。私だったら訴えます。

「申し訳ありませんでした」

今だったらそれで済まなかったでしょう。あの時は、解約された番号がこれほどすぐに使用されるとは思わなかったのです。言い訳です。

そして、ラジオへの愛情が爆発したのが『J-WAVEロケットマンショー』。今考えれば、奇跡と言ってもいい番組でした。というのも、全て「おまかせ」なのです。4時間の生放送。それも週末の深夜なので、ラジオのゴールデンタイムとも言えます。制作部が仕事を放棄しているのか、私を信頼してくれているのか、とにかくパーソナリティーの自由。好きな曲をかけ、好きなことを喋る。ただ、一つだけ注文がありました。

「理屈っぽくなるなよ」

ラジオ局の取締役の方。滅多に顔を合わせないのですが、とてもノリのいい陽気なおじさんで、ばったり廊下で遭遇すると笑顔で声を掛けてくれます。私の放送を聴いてくれたのか、一般的なことを言われたのかはわかりません。しかし、この言葉は、時に生真面目な話をしたがる私を、重たい理屈の世界から救ってくれました。

テレビというフィールドでなかなか自分のペースで表現できない私からしたら、あまりに恵まれた環境。愛着が増してくると、次第にラジオ局に入る時間も早まります。深夜1時からの放送なのに、夕方5時入り。8時間も前から何をするかといえば、ひたすらメールをチェック。番組によってはスタッフに任せるパーソナリティーもいますが、私はできませんでした。届いた言葉には全て目を通したい。結果、本番が始まる時はすでにヘトヘト。ペース配分を間違えています。

なにせ4時間もあるのでいろんなことができました。レポーターを外で待機させ、毎時間電話で繋いでは「東京のいまを伝える」と称して、一発ギャグをやってもらったり。時間が時間なので「うるせーなバカやろー!」という本気の怒鳴り声もしっかり「東京のいま」として電波に乗ることも。結果、レポーターは街の外へ追いやられ、誰もいない深夜の河川敷でひとり、ギャグをやることになりました。東京オリンピック開催決定の瞬間もラジオブースにいました。中継を見ながらラジオで好き勝手に話すという、テレビの副音声の機能を果たしたり。私が放送中にサンダルを履いていることを、言動や雰囲気からリスナーが気づくかどうか実験したり。リスナーを狭いブースに招待したり。

夏にはバーベキュー、冬には鍋パーティー、日頃抱える腑に落ちないことを発表する「フニオチコンテスト」など、イベントも開催しました。顔の見えないリスナー同士が顔を合わせる機会はとても貴重でした。

好きなものに囲まれた土曜の夜。ラジオブースにはいつも、修学旅行の夜のような、くだらない時間が流れていました。

その分、東日本大震災直後はとても困惑しました。発生から数日。生放送でやるということになったものの、何を伝えたらいいのか、どのようなトーンで話せばいいのか、途端にわからなくなりました。笑い声はあっていいのか。どんな曲をかければいいのか。迷いと葛藤とが交錯する4時間の生放送で感じたのは、ラジオは安心を届けるメディアだということ。テレビは多くの被害を伝えていたけれど、不安も伴うものでした。多くの命が奪われる映像は、観る者を苦しくさせました。ラジオは、声だけということが、受け手に隙間を与え、呼吸する時間を与えていました。テレビでは伝えられない、息づかいがラジオにはありました。

ラジオのパーソナリティーに憧れていた訳ではないのに、ここまで惜しみなく情熱を注げたのは、自分というものを偽りなくそのまま電波に乗せることができたからだと思います。テレビではどうしても演じたり、嘘をついてしまうこともあるけれど、ここでは偽りのない自分をさらけ出せる。そういう意味では大きなスタジオより、3畳ほどの小さなブースの方が気兼ねなく羽を伸ばせたと思います。

しかし同時に、ごまかしのきかない場所でもありました。呼吸までも届いてしまうから、性格や価値観、人生観まで浮き彫りになることも。しかし、そんな自分を受けとめてくれる人たちがいる。それはとても心強いことでした。ハガキやFAXからメールへと、つながる手段は変わっても、リスナーとの距離は変わりません。愛情の源泉掛け流し。8年間の放送が終わり、スタジオを出る私を待っていたのは、500人ほどのリスナーたちが集う、夜明けの六本木ヒルズでした。

地方に行くと地元のFMラジオに周波数を合わせることがあります。地酒やワインをいただくように、地元のラジオに耳を傾け、空気を味わう。地元ならではのプログラムやキャスト、CMまでもユニークで安心します。地元の野菜や食材が並ぶように、地域の特色が活かされていて、そう考えると、ラジオは「道の駅」のような存在かもしれません。添加物のないメディア。生身の人間が心を通わせる場所。ラジオを愛している人が多いのは、そういったところもあるのでしょう。

ラジオは、もっと胸を張ればいい。スマホのアプリになんかならずに、堂々と、大きく場所をとっていい。私はそう思います。今こそ、スマホから飛び出すべきなのです。

「ちょっと、もうなんなの、離してよ！」

波子は声をあげながら男の腕を払った。

「さぁ、着いたよ」

「え、何ここ？」

「君のいるべき場所さ」

目の前には、海が広がっている。

「君はあんな小さな画面の中にいるべきじゃない。もっと広い世界へ飛び出すべきなんだ。ほら、聞こえるかい？　波の音。スマホのアプリじゃ、こんな素敵な音も聞こえない。これが、君の本当の音なんだよ」

そう言って、男は波子の顔をじっと見つめた。波子の瞳は潤んでいた。そして彼女は彼の顔をじっと見つめて言った。

「もう、いい迷惑なんだけど……」

「え？」

「ちょーいい迷惑なんだけど！　私、あの場所、気に入ってたのに！」

男は戸惑った。

「ノイズがなくなったし、全国で聴けるようになったし！　アンテナもいらない！　最高じゃない！　なにがノイズも美しい音だよ！　なにがアンテナを伸ばしたのが懐かしいだよ！　余計なお世話なんだよ！　勝手に浸ってろ、ノスタルジー野郎！」

男は返す言葉がなかった。

「ねぇ、帰してよ。早くスマホの中に帰してよ！」

「……わかったよ」

男はポケットからスマホを取り出して、画面を見つめた。

「じゃあ、いくよ……」

そう言ってアプリをインストールすると、画面にラジオのマークが点灯した。

「波子……」

波子の足跡を消し去った波が、男の足元を揺らしていた。

まわれ！　ミラーボール

　クラブもＤＪも、依然としていいイメージではありません。薬物使用のニュースも、きまってクラブがセットで報じられるので、怖い印象を持たれている方も多いでしょう。長い間ＤＪをしている私でも、もし娘がクラブに入り浸っていたら注意するでしょうし、紹介された彼がＤＪだったら受け入れるのに時間がかかりそうです。

　その一方で、認知度の上昇と機材の普及によって、誰でも気軽にできるようになりました。国内外でＤＪ人口は爆発的に増えています。おかげで、「芸人なのにＤＪなんて」と、散々白い目を向けられてきましたが、いまは珍しいことではなく、その分ちやほやもされなくなり。モテたいからやっているのか、音楽が好きだからやっているのか、そんな自問自答を繰り返しているうちに二十余年。すっかり生活の一部になりました。

そもそもＤＪって何、ということですが、いくつかスタイルがある中で最も一般的なものが、人の曲をかけて踊らせる。そうです、人の褌《ふんどし》で相撲をとっています。これもＤＪのイメージが良くない一因。演奏するでも歌うでもなく、既存の楽曲を流す。誰だってできるし、アーティストとは言い難いでしょう。しかも最近はレコード・ＣＤを通り越し、データでＤＪをします。「レコード持ち」という徒弟制度もあったくらい、持ち運びに悩まされたのも過去の話。今では、ＵＳＢメモリーをポケットに入れてＤＪブースに立つのです。しかも、かつてはフロアの隅でひたすら曲を流し続ける陰の存在でしたが、ステージ中央にショーアップされ、数万人規模の野外フェスがあったり、いつの間にかアーティストとして扱われるようになりました。

実際、世界トップクラスのＤＪは億万長者です。人の曲をかけるだけでそんなに儲けられるのかと思うでしょう。せっかくなので、少しだけ誤解を解かせてください。曲を作る人がデザイナーなら、ＤＪはスタイリストなのです。

スタイリストは、服をデザインしたり作ったりは基本しませんが、数多あるアイテムの中から季節やトレンドに見合ったものをセレクトし、組み合わせて全身をコーディネートします。私なんかにもスタイリストはついていて、それなりのお金を払っています。

一度や二度くらいなら自前の服でもなんとかなるのですが、毎週となると追いつけません。ましてや選ぶことに割く時間もセンスもない。となると、やはりスタイリストにお願いする方が具合がいい。スタイリストはセンスが商品とも言えます。

ＤＪも同じで、数多ある曲の中から、トレンドや雰囲気に見合った曲をセレクトし、組み合わせて一つの世界観を構築する。スタイリストがボトムスからトップスまでセレクトするように、最初の曲から最後の曲までフロアにいるお客さんたちに音を着せて踊らせる。音のスタイリスト。

これが、いわゆるディスコやクラブＤＪの大きな役割ですが、今はさらに、曲を作るようになっています。日本はクラブやＤＪの認識が遅れているので、いまだに「他人の曲をかけている」と思われがちですが、海外の人気ソングトップ40などを見ると明らかで、様々なアーティストが並んでいますが、ＤＪが作ったトラック（曲）が占拠することもあります。スタイリストでありながら、デザイナーもやってしまうのが昨今のＤＪの特徴。自分の曲しか流さなければ、さながらトップデザイナーのファッションショーということでしょうか。

かといって、人の褌で相撲をとるだけがいけないかというと、そうではありません。

曲を作らなくても立派なアーティストです。

10枚のレコードがあります。どの曲からかけて、どこで切り替え、どの曲で終わるか。人によって様々だと思いますが、順番や繋ぎ方次第で踊れたり踊れなかったり、盛り上がり方にも差が出てしまいます。

お寿司屋さんに行ったら、最初に何を注文しようかと順番を考えると思います。粋なお客さんは光り物から入って最後は干瓢巻きで、みたいに。この感覚こそＤＪ的思考。焼肉もそう。タン塩から入って、脂っこいものは後にして、網のフロアでハラミが踊る。ヘッドフォンの代わりに前掛けを首から提げて。では、思い切って大将になってしまいましょう。お客さんに「おまかせで」と言われたら、どんなネタを握りますか。自分の好みで握るわけにはいきません。それこそ旬のもの、自分で仕入れたネタを独自の順番、絶妙なタイミングで握っていくと思います。ＤＪって、そういうことなのです。築地や豊洲の代わりに、渋谷のレコード屋に行くのです。

面白いのはＤＪの場合、修業をしなくても、今日からでもなれてしまうところ。「ＰＣＤＪ」という、パソコンを使ったプレイスタイルも増えているのですが、インストールしたソフトを使うと、曲同士の繋ぎを自動で調整してくれるので、修業を積まなくてもＤＪはできます。ただ、機械がやってくれる部分こそＤＪの楽しいところで、運転好きの人がオートマ車じゃ物足りないと言うように、ある程度のずれや、手動の感覚こそ醍醐味なのですが、最近始めた人はパソコンに頼り、画面を流れる波形で視覚的に合わせるので、曲同士を耳で合わせる従来のDJスタイルが少なくなっています。

また、機械的な一定のリズムは人を心地よくさせるとは限らず、微妙なズレが意外とよかったりするのですが、これはフロアのお客さんによっては意見が分かれるところかもしれません。いずれにしても、機材の進化でDJの裾野が広がり、ファッション感覚でやっている人も多く見受けられます。アクセサリー代わりのヘッドフォン。そういった人への嫌悪感がなくなったのは、私が年を取ったせいでしょうか。

ただ、踊りに来る人こそ「パリピ」と呼ばれますが、DJ自体は意外と地味で真面目なタイプが多く、私もそれに該当すると思います。なんせ20年も続けているのですから。その間に、レコードからCD、データとだいぶ身軽になりましたが、それ以上に、プレイスタイルの転機がありました。

「あれ、ない……」

DJを始めたばかりの頃、必ず携帯するノートがありました。いわゆるプレイリストが書き込まれた小さなノート。受験戦争の後遺症か、事前に予習していたのです。曲順だけではなく、テンポなどの細かな数字も書き込まれ、いつもそのノートを片手にプレイしていたので、忘れたら取りに帰るほどでした。そんな大切なノートがバッグの中に入っていません。

「もう、仕方ない」

出番間際なので、ノートなしでいくしかありません。不安の中始まったＤＪタイムは、いい意味で行儀の悪いプレイ。繋ぎなどはスムーズではなかったものの、フロアの雰囲気に牽引されて、自然に寄り道をしたり、その場その場で臨機応変に曲をセレクトする感覚が、いつもと違う筋肉を使うようで新鮮だったのです。それ以降、持参しなくなりました。ノートを捨て、ブースに立つようになったのです。

ファストフードの店員さんがマニュアル通りにしか答えられないことがかつて揶揄されたことがありましたが、自分で作ったＤＪマニュアルとはいえ、それに固執するのは良くないことだと気づきました。決められたことをそのまま無難にやるよりも、それを壊し、その場の空気に合わせてやる方が充足感がありました。次の曲はフロアが決める、なんて言うＤＪもいます。フロアの雰囲気を読むということでしょう。私くらいになると、頭の中で次の曲が聞こえるようになったりします。ちなみにＤＪが首を傾げながらヘッドフォンを挟んでいる印象があるかもしれませんが、あれはフロアに流れている曲ではなく、次に流す曲をヘッドフォンで聴いています。

かつてユニークな落語の番組がありました。完成された落語を披露するのではなく、客席からお題をもらって、一席の中に織り込むというもの。即興性が求められるわけですが、いわゆる落語を楽しむのとは違う面白さがありました。初心者や、落語がわからない人でも楽しめるテレビ的な企画かもしれません。

その出演者でもあった笑福亭鶴瓶師匠のトークライブを観に行った時です。本番前にトイレに行こうとしたら、ロビーで師匠がセカンドバッグを抱え、ファンの方と談笑しています。その余裕の表情から、慌てて到着したわけではなさそうです。そう言えば、以前お会いした時、やたらとメモを取っていたのを覚えています。鼻をかんだティッシュのようにくしゃくしゃになった小さな紙に、普段の生活の中で気になったことを記入して。その姿と、ライブ本番直前の姿が一致しません。どうやら師匠は、入念に準備したものを一旦忘れてから新鮮な気持ちで舞台に立つのだと、その後の記事で読みました。だから、本番直前に楽屋でメモを見直したりしないのでしょう。たしかに、師匠の番組を観ていると、ゲストの方と事前に会わず、いい意味で成り行きまかせで、作り込んでしまっては決して生まれないものを大切にしている気がします。その時しか生まれないもの。唯一無二の価値。

そういった経験が、私の現在の仕事に影響していることは言うまでもありません。

私が現在、月曜日から木曜日まで毎日ＭＣをしている番組は、生放送なので編集ができません。テレビの収録番組やYouTubeなどの動画はかなり編集されていて、とてもスピーディーです。ゆったりした生放送がいけないわけではないですが、私はテンポやリズムを大切にするようになりました。緩急をつける。そして、適度に寄り道をする。そのため共演者との打ち合わせには同席しません。何も知らない方が素直にリアクションできるし、スタッフは不安になるかもしれませんが、私は、たとえ殺風景だとしても、その時の気分で思いのままに歩む寄り道に価値があると思っています。たまに迷子になることもありますが、視聴者もその迷子を受け入れてくれると信じています。

また、共演者は、楽器だと思っています。今日はどのような音色を響かせられるだろうか。人によっては非常に繊細だったり、打楽器のように雑に扱ってもよく響く方もいますが、理屈ではなく「音」として捉え、リズムに乗せてお茶の間に届けたい。そういう意味では指揮者に近いかもしれません。はい、調子に乗りすぎました。もう言いません。兎にも角にも、ＤＪブースに立つ時と、生放送のＭＣをする時の心境はとても似ている、ということなのです。お茶の間はダンスフロアであり、テレビはミラーボール。

今日も視聴者の心を躍らせたい。

ちなみにＤＪ歴20年の私が最も緊張する場所は、父を乗せて走る車内です。85歳を過ぎた父は、タンゴや映画音楽など、好きな曲がかかると鼻歌が始まるのですが、ちょっとでも気に入らないと黙り、ボリュームを下げろと言います。そうならないように、いつも父好みの曲を用意してハンドルを握るのです、背中で鼻歌を感じながら。

わからないままでいい

先日コピーをしにコンビニに行って驚きました。というのも、機械の大きさは変わらないけれど、機能はかなり進化していたからです。かつては蓋を開けて紙をセットし、ボタンを押す。単なるコピーなら割と上手くいくのですが、サイズ変更となるとまぁ大変で、自分のイメージとは違う状態で刷り上がり、たいてい3枚くらいは犠牲になったものです。そのため、小銭を多めに用意しておいたり。それがどうでしょう。会社に勤めている方にとっては当たり前かもしれませんが、データからの出力やWi-Fi機能はもちろん、画面上で出来上がりの状態を確かめることもできるので、サイズを間違える危険もなくなりました。B4からA4も、A5からB5も、犠牲者を生まずに一発で成功するようになったのです。

「ジャケ買い」という言葉を最近聞かなくなりましたが、もはや死語になりつつあるのでしょうか。「ジャケット買い」。私はよくしていました。中の音を聴かず、ジャケットのみで判断してレコードやCDを買う。ジャケットがいいならきっと収録している音もいいはず。非常にセンスが問われるわけですが、一度に数枚チャレンジも珍しくありません。家に到着するまで待ちきれず、電車の中でビニールを剝がし、プラスチックのケースを開けて、ライナー・ノーツを読んで音を想像したり。やっと家についてCDをセットしてスピーカーから流れてくる音に耳を傾ければ、果たしてジャケットに釣り合った音が入っているのでしょうか。実際、好みの楽曲に遭遇しないこともありましたが、その分1曲でもアタリがあれば成功。もはやハンティングですが、たとえ収穫ゼロでも悔いはありませんでした。

今思うと、冒険していたなぁと思います。知らないアーティストのアルバムに手を伸ばしていたあの頃。配信だとジャケットに惹かれて買うこともなくなりました。あらかじめ試聴できたり、YouTube で見つかったりするので、中身を知った上で購入する。すっかり傷を負わなくなりました。

そういえば、気になる曲があると今では検索して容易《たやす》くたどり着けますが、かつては店員に鼻歌を聞いてもらったものです。しかも当時のレコード屋の店員なんて無愛想な人ばかり。こちらもかなりへりくだって声を掛け、照れ臭そうに披露したものです。どうしても欲しかったから。下手な鼻歌でもわかってくれる店員は、「エプロンをつけた神様」のようでした。当時のCDショップには、各フロアに曲の知識が豊富なスタッフがいて、どんなマニアックな曲でもたどり着けたものです。

年末やお正月に販売される福袋。最近は中身がわかった状態で売られるものが多いようです。何かわからないのが福袋の醍醐味だと思っていたのですが。たとえ隠してあってもネットで誰かが中身をあげていたりするので、かつてのような「お楽しみ」感は薄まったと思います。福袋なんてそもそも、こんなの誰が使うんだという、売れないものの寄せ集め（先入観！）で、落胆するために買う、落胆袋だと認識していましたが、最近はそうでもなく、プロモーションとみなして企業が協賛するので、意外と質のいいものが入っていて、落胆することもなくなったようです。もし必要なければフリマ・アプリで出品。時代は変わりました。あまりにひどいものを入れたら、百貨店のイメージも悪くなり、「ふざけんな！」と、クレームが来てしまうという不安もあるのでしょう。わかった上で購入する習慣。そのうち、おみくじも大吉専用とか出てきそうです。皆、わからないものに飛びつかなくなっているのでしょうか。

初めてお店を利用する際、「レビュー」や「評判」を見てから暖簾を潜るようになりました。やはり、「失敗」したくない。かつては検索なんてしていなかったのに。ラーメン屋さんの前をウロウロしながら看板の文字や店内の雰囲気など、レビューに頼らず、自分の「嗅覚」で決めていました。危険を察知したら無難にチャーハンを注文したり。冒険して失敗することもありましたが、そうやって「嗅覚」を培ってきました。

コンサートに行くと、違和感を覚えることがあります。プログラムにアンコール曲までしっかり書いてあるからです。

そもそもアンコールというのは、お客さんのノリや気分で「要求」するものであって、それに臨時に応じるもの。あらかじめ決められていたら「アンコール」ではなく、「プログラム」。いつの間にかアンコールも当たり前になって、お客さんにも「アンコールするのが礼儀」みたいな意識があり、気を遣って拍手する始末。アンコールが叶うかわからないから拍手に力を込められたのに、システムになってしまったら本末転倒。どうやら「アンコールでやった曲はなんですか？」という問い合わせに対応するためでもあるそうですが、どちらが本当のエンターテインメントなのでしょう。ちなみに私は、和食のコースなどにあるお品書きは見ずに味わうタイプです。次に何が出てくるのかわからない方が感動が増すので。

以前、ある大物アーティストたちが集まるコンサートで、割とファンキーな人が「それじゃあ、次〇〇行くぞ！」とノリノリで曲名を叫んだら、穏やかな声のボーカルの方に真顔でダメ出しされたそうです。歌う前に曲名を言うなんて野暮なことをするな。観客はイントロを聴いて反応するものだと。ファンキーな方は、すっかり意気消沈したそうです。

２００２年のポール・マッカートニーのコンサート。気分を高めるために家から原付で向かった東京ドーム。久しぶりの来日公演だったので、会場のボルテージは開演前から最高潮。今か今かと待ち構えていると、颯爽と現れたポールの姿に白いドームも破裂寸前。惜しみないほどに歌われたビートルズ・ナンバーのオンパレードにひたすら感動していました。

「そろそろ来るか」

この感じだと、「レット・イット・ビー」も歌うだろう。私は、涙を流しながらその時を待っていました。すると、「え？　始まってる？」。あの名曲が、あれほどの世界的、いや人類史上最大のヒットソングが、なんの紹介もなく、「それでは聴いてください。レット・イット・ビーです」みたいなことは一切言わずに、さらっと始まっていたのです。鼻歌でも歌い始めるように。とても粋でした。なんでも紹介すればいいというものではないのでしょう。

ある日のテレビ局。メイク室で大竹まことさんが隣に座りました。面識はあったものの、深い交流はありません。にもかかわらず、私にこんな話をしてくれました。

「ふかわ、これだけ面白い人がたくさんいるのに、テレビに出る人と出ない人がいる。その違いわかるか？」

初めはその質問の意味すらわかりません。

「例えば、タモリさんいるだろ？　毎日お昼の全国ネットで映っている。それでも、タモリさんのことって、みんなわからないんだよ。すごいだろ？　これだけ知られているのに。わかられたら、面白くないんだよ」

その時です。わからないことが魅力だということに気がついたのは。タモリさんのすごいところは、何がわからないのかもわからないことです。私の場合、わからなさすぎて、ただ不可解なだけ。今では、「こいつの何が面白いのかわからない」というコメントを見るたびに、「お前に俺の面白さがわかられてたまるか」と、さらにこじらせを強めることになりました。ちなみに、メイク室で大竹まことさんと居合わせたのは後にも先にもその一回限り。なぜそんな話をされたのかはいまだにわかりませんが、天から舞い降りてきたようでした。

とある作家の方がおっしゃっていたのですが、テレビに出ると知名度は上がるけど、本は売れなくなるようです。もともと作家の方々はあまり表に出ない印象ですが、やはりベラベラ喋ったり、余計なイメージがつくと、作品に影響する恐れがあります。男性か女性かもわからない作家さんもいますし。知名度を獲得する代わりに、神秘性を失ってしまうのでしょう。

音楽のアーティストもそうです。テレビに出るのはプロモーションにはなるけれど、頻繁に出続けてしまうとアーティスト性が薄れてしまい、曲の魅力も半減してしまう。一切顔を出さない方もいますし、「わからない」部分は大切なのでしょう。寡黙な人がモテるのはわからないからで、おしゃべりが嫌われてしまうのは、何を考えているのか露呈するから。ただし、寡黙でモテるのはイケメンに限る可能性が高いので、そうでない人は注意が必要です。

声優業界は少し様子が違います。声優というのは声だけの出演なので、基本はあまり顔を出さないイメージでしたが、最近は顔を出してアイドルのような活動をしている人も数多くいます。かつては、声から入ると実物を見た時にギャップが生じたものですが、そういうこともないようです。

兄の影響で、洋楽を小学生の頃から聴いていました。意味もわからず聴いていたので、大人になって初めて悲しい詞だったのかと気づいたりしますが、わからないから良かったのではと思います。意味がわかることも素敵ですが、聴く段階では意味などわからない方が純粋に吸収できて、理屈に邪魔されることなく味わえるのではないでしょうか。ちなみにビートルズに「ノルウェイの森」という曲がありますが、あれは誤訳で、実は「ノルウェイの家具」という説があります。北欧の家具。ＩＫＥＡの曲ではないですが、大半の日本人は、「ノルウェイの森」という世界観で聴いていたと思います。歌詞を理解していたら、「森」ではなく「家具」だと気づいたかもしれません。

15年前、初めてアイスランドを訪れた際も、当時はほとんど資料がなく、何もわからない状態であの島にたどり着いたので、不安な分、目や耳から入ってくるものの吸収力や感度は凄まじいものでした。今は、ネットにたくさんの情報が出ているので、事前に調べられていろいろな不安もなくなる反面、「冒険」は失われた気がします。

どの道で行けばいいのか。どれくらい時間がかかるのか。既読かどうか。わからないものが世の中から消え、多くのことがわかるようになりました。その分、いざわからないものに遭遇すると、どう対処していいか混乱するようにもなりました。わかることが当たり前になり、わからないことや「失敗」に対する免疫がなくなってきました。

写真もすっかり失敗しなくなりました。かつては現像に出して、仕上がってみれば、目や口が半開きだったり、体が半分切れていたり。遠足の数日後、廊下に貼り出された写真を見てよく笑ったものです。今は待つ時間も、失敗した写真も見かけなくなりました。徐々に人々は、わからないことや、失敗を許容できなくなっている気がします。ある学者さんは言っていました。人間は、失敗作だと。

溺れる羊

夕暮れ時に気配を感じ、見上げてみれば、電線の上を動く黒い影。猫かな、いや猫が電線を渡るだろうか、それに猫にしては尻尾が太く、どちらかと言うとタヌキのよう。調べてみると、それはハクビシン。鼻に白い筋のとおったジャコウネコ科の哺乳類。夜行性で行動範囲は半径5キロメートルもあるのだとか。それにしても、こんな都心で見かけるなんて。巣に戻るのか餌を探しに行くのか、東京の住宅街の電線を器用に伝うハクビシン。アライグマのように愛らしい風貌ですが、家屋に巣を作ってしまうことから、日本では害獣とみなされています。

それからというもの、夕方になると空を見上げるようになりました。スーパームーンの口くらいしか空を見上げることがなくなった人間たちは皆スマホに夢中なので、ハクビシンにとっては行動しやすくなったのかもしれません。中には、私のように後をつけようとする人間もいるので、油断はできませんが。

眺めのいいホテルの屋上。見渡していたら、電波塔に目が留まりました。東京タワーほどではないですが、数十メートルはあるであろう鉄塔の中腹が、黒くギザギザしています。細い棒のようなものがぎっしりと敷き詰められ、砂鉄のように飛び出して。一体あれはなんなのか。ホテルのスタッフに尋ねると、思わず耳を疑いました。電波塔の中腹にあるのは、カラスの巣。カラスがゴミ捨て場などから鉄のハンガーを咥えて持ち去り、せっせと運んで作った大きな巣でした。直径10メートルは優にあるでしょうか。ここにどれほどのカラスがやってくるのか。森の中に木の枝で作るはずのカラスの巣。話によると、避雷針があるので、木に作るよりも安全だとか。頭がいいのか、仕方なしなのか。それからというもの、電波塔を見かける度にその中腹に視線を向けるようになりましたが、他の場所ではまだ確認できていません。

家の中で時折遭遇する小さな蜘蛛。昔から「益虫だから」殺したらダメと言われています。益虫とはいえ見た目がなかなか刺激的なので、遭遇するとティッシュや手で包んで窓の外に放り出します。田舎に行った時など、信じられないサイズのものが登場するので、夏の帰省の際は、どうかあいつに出会いませんようにと願っていたものです。森の中を散策していて、顔に何かかぶさったかと思えば蜘蛛の巣だったことがよくありました。木々の間に綺麗な放射状の巣を張って獲物を狙うハンター。ただ、蜘蛛には造網性と徘徊性の二種類いて、すべての蜘蛛が巣を張るわけではないようです。


「ったく、やってらんねえよ」

そんな声が聞こえてくるようでした。郊外の旅館に泊まっていた時です。家屋の梁に弧を描くように蜘蛛の巣が張られています。その中央にポツンと小さな蜘蛛。しばらく見ていると、芸術作品とも言えるその巣をせっせと回収し始めたのです。網を手繰り寄せる漁師のように。せっかく張ったのに収穫なしだったのでしょうか。ため息が伝わってきます。

「それでさぁ、この前のコンパが最高で、お持ち帰りしちゃったんだよ！」

「うそ、まじで！　誘ってよ〜、そういうの！」

交通量調査のバイトをしながら、２匹の蜘蛛が談笑しています。

「おい、お前ら、真面目にやれよ！」

手繰り寄せた糸を抱えた蜘蛛がやってきました。

「何？　どうしたの?!　目くじら立てて」

「どうしたじゃねぇよ。お前たちがあの旅館の交通量激しいって言うから昨日張ったんだよ。そしたら全然獲物こないじゃんかよ。どうしてくれんだよ」

「そんなこと言ったって」

「どうせ適当に調査してんだろ？　しっかり働いてくれよ。うちらはな、悪い虫を食べるってことを人間たちに知らせる使命があるんだよ。じゃないと奴らに何されるかわからねぇんだから。時々人に見える場所でわかりやすく益虫アピールしなくちゃいけないんだよ！　これだから、巣を張らない徘徊野郎は嫌いなんだよ」

「おい、ちょっと、流石にそれは言っちゃいけないことじゃないの？」

「だってそうだろう？　巣を張れない蜘蛛なんて、蜘蛛って言えるのかね」

「何だと？」

「まぁいいよ。とにかく、くっちゃべってないで、しっかり調査してくれよ」

蜘蛛たちの間で、こんなやりとりがあるのかもしれません。

生物か無生物かは置いておくとして、ウイルスはもともと野生動物の中で生息するものでした。宿主である動物が死んでは生きられないので、死なない範囲で繁殖するのがウイルスの生存方法。しかし、文明とともに人間が野生の世界に踏み入ったことで、生態系のバランスが崩れ、人間の体内にも侵入せざるを得なくなります。宿主になって以降、人類は犠牲を生みながらも、ウイルスと共生して暮らすようになりました。カラスやハクビシンのように、ウイルスも、居場所を人間社会の中で見つけるしかありませんでした。

では、人間はどうでしょう。果たして、いま我々がいるこの場所は、本来いるべき場所なのでしょうか。本当は別の場所にいるべきなのに、理由があってこの場所を選んだのでしょうか。ウイルスは地球居住歴30億年。人間は、現生人類で約30万年。地球からしたら、我々人間こそウイルスのような存在かもしれません。

我々は、「川が氾濫《はんらん》した」と言います。氾濫しないように治水をし、生活を営んでいます。そうして川は、本来の居場所とは違う場所を流れることになります。だから、氾濫ではなく、押さえつけられていたものから解放され、本来の姿に戻るだけ。それを我々は「氾濫」と呼んでいます。

噴火も地震も同様です。我々にとって不都合なものは「災害」となりますが、地球にとっては呼吸しているようなもの。もし、地球上でそれらが起きなかったら、我々はもちろん、この地球さえ形成されていません。

私が初めてアイスランドを訪れたのは、それを実感するためでした。地球が生きていること。「地球温暖化」や「不都合な真実」などが囁かれていた15年以上前。いざ、足を踏み入れて、間欠泉やプレートの境目などを目の当たりにすると、確かに呼吸をしているようで、生きているようでした。また、巨大な滝や、岩肌がむき出しになった山々を間近にすると、自分が地球にいることを実感しました。しかし、訪問を重ねるうちに目的は変わります。

「あそこにもたくさんいる！」

目的は、羊に会いに行くことになりました。アイスランドは羊毛が主要産業なので、たくさんの羊たちが放牧されています。ちょっと郊外に出たら人にはほとんど会わず、羊ばかり。荒涼とした大地でのんびり草を食《は》む姿が可愛らしく、すっかり心を奪われ、オーロラや広大な自然よりも、地球が生きているかどうかよりも、たくさんの羊たちに会いたくて、毎年向かうようになったのです。

「おーい！」

草を食んでいる羊たちに声をかけると一斉に振り向いて、「ダルマさんが転んだ」のように動きがピタッと止まります。触りたい衝動にも駆られるのですが、一頭が動き出すと全てに伝播してしまうので、群れに向かって声を発しながら旅をしていました。

そんな中に、様子のおかしい羊がいます。一頭だけ仰向けになっている羊。犬や猫のように背中をこすってふざけているのでしょうか。私が近寄ると、群れは移動し、その羊だけが残りました。起き上がらず、仰向けのまま肢《あし》を動かしています。

「どうしたんだろう」

その姿はまるで、溺れているようでした。口から洩れる声が苦しんでいるようにも聞こえます。なんとかしたい。どうしたらいいのかわからないまま、両腕を地面と羊の背中の間に滑り込ませました。ぽよんぽよんと揺れて、羊の生暖かい体温が伝わってきます。呻き声が激しくなる中、思い切ってゴロンと前に転がしてみると、羊は肢をもつれさせながらなんとか立ち上がり、よたよたと群れの方に向かって行きました。

調べてわかったことがありました。羊は仰向けになると死んでしまうのです。体が重たいわりに肢が華奢なので、自ら起き上がれず、喉にガスが溜まって窒息してしまう。そうならないように見張るのも羊飼いの役割で、転倒したら、起こしてあげるそうです。

それを知ってからというもの、羊を助けることも旅の目的になりました。飼い主はいるのですが、あまりに羊が広範囲に散らばっているので、飼い主の目の届く距離を遥かに超えているのです。だから、もし溺れている羊を見かけたら、すぐに駆け寄って助けるようにしていたのですが、今では仰向けを探す力が養われ、どんなに遠くてもひっくり返っている羊を見つけられるようになりました。中には手遅れで立てなかったり、そのまま骨になって地面に吸収されている羊もいました。

羊は人間がいないと生きていけません。しかし、そのようにしたのは人間です。人間と羊との歴史は深く、数千年も前に遡ります。衣服や食料の供給など、羊は人々の生活に欠かせない存在ですが、時代とともに改良され、現在のような姿になりました。もともと、羊はモコモコした毛で覆われていなかったので、毛を刈る必要もなく、自ら脱毛する機能もありました。尻尾も短いイメージですが、あれも生まれて間もなく壊死させています。今や、人間がいないと、病気になったり、雨に濡れると体を覆う毛が重くて身動きできなかったりと、自力で生きられません。こうして、人間との共存関係が構築されました。

羊に限ったことではありません。ペットや畜産動物も含め、様々な生物が人間の都合で改良されてきたのはご存知でしょう。豚も人間が作ったもの。イノシシが家畜化し、長い年月をかけて品種改良を重ね、現在の姿になりました。だからイノシシに似ているのです。

自然も、人間が管理しないと大変なことになると言いますが、それは、人間が住めなくなるだけであって、自然はあくまで自然。怒ったりも微笑んだりも、悲鳴をあげたりもしません。人間がいなかったら消滅するわけではなく、むしろ人間がいなくなったら長い年月を経て、我々が望む、空気の澄んだ緑豊かな星になることでしょう。人が死ぬというのは、地球から見れば、新陳代謝のようなもの。だからと言って、大切な人の死を割り切れるものではないですし、悲しみが和らぐわけでもないですが。

所有欲が薄れ、車も家も音楽もシェアする時代。我々は、地球を上手にシェアしているでしょうか。地球をシェアするのは人間だけではありません。今まで自由に踏み入った場所を、そろそろ野生に返してあげるとき。地球は人間のものではないのだから。カラスは森に巣を作り、ハクビシンが電線を渡らなくて済むようになるでしょう。そうしたら、我々も群れで生活することが許されるのです。しかし、羊たちはどうでしょう。もう自然には戻れません。人間に改良された姿では野生で生きていけないので、皆、流れる雲を眺めながら、草原に溺れていきます。

我々人類も変わりました。環境に合わせ、生活様式とともに変化しました。全て人間の都合で変えてきたわけですから、それに比べれば、「新しい日常」なんて、大した変化ではありません。人間も品種改良を重ねている。もしかしたら飼育されているのは、人間なのかもしれません。

アメリカンコーヒーを探して

「お水ありますか？」

「はい？」

「あの、お水です」

「ごめんなさい、何言ってるかわからないわ」

「ほら、お水ですよ、お水！」

「ねぇ、あなた、この人何言っているかわかる？」

「どうしたって？」

「お水を買いたいんですけど」

「うーん、弱ったなぁ」

日本語だとこんな感じでしょうか。海外に行って、売店で「お水ください」と言っても全然伝わりませんでした。自慢じゃないですが、英語の試験はあまり苦労したことがなく、受験勉強もしっかりしました。なのにどうしたことでしょう。英語と英会話が違うことはわかっていますが、「water」ひとつ通じないって、私は今まで何を学んできたのでしょうか。

「このお店は以前来たことありますか？」

「え？　何ですか？」

「このお店は以前来たことあります？」

「えっと……はい」

「はい？」

「いや、いいえ」

「いいえ？」

「すいません、ゆっくり言ってもらえますか？」

ファミレスに入るだけでも一苦労でした。

最近は、テクノロジーやＡＩの進化で、このような惨劇はなくなっているのかもしれません。それだけに、英語教育の在り方が問われています。今後、英会話に困らなくなるのに授業は必要なのか。私は、英語というのはあくまで語学であって、我々が普段使っている言葉にもルールがあること、なおかつ論理的思考を養うには格好の題材だと思うのですが、大学受験までひたすら英語を勉強し、それなりの成績を修めてきたのに海外でお水すら買えないのはあまりに悲しいです。英会話と別物とはいえ、全く使えない学問には疑問を抱かざるを得ません。

かつて予備校に通う帰国子女の生徒が講師に質問しました。こんな表現、実際には現地で使わないのでは？　すると講師は言います。

「君は英会話がしたいの？　それとも大学に行きたいの？」

福沢諭吉先生も呆れていると思います。そんな教育をしたかったわけではないはず。日本人の勤勉さを怖れ、英語を習得されては困ると判断したＧＨＱのマッカーサーが「いくら勉強しても話せない英語の授業」を作らせた、そんな都市伝説が流布されるほど、見事に英語を話せない日本人。なぜ話せないかというと、やはり「耳」。英語の耳ができていない。赤ちゃんと同じで、まずはひたすら聞かないと話せるわけがありません。なのに学校では文法試験ばかり。苦手意識だけが植え付けられ、その結果、「英語を話せる人ってすごい！」と、六本木をウロウロしている外国人をかっこいいと錯覚。ただ母語を話しているだけなのに。これぞ英語教育の副作用。劣等感の賜物。

ただかっこいいと思うならまだしも、逆に東南アジアの人たちを無意識に見下す人もいます。近所にベトナム料理屋があるのですが、彼らは懸命に日本語で応対してくれます。たまにママ友集団が騒いでいて、まぁ横柄な態度で接しているのです。もし店員が欧米の外国人だったらこうはならないでしょう。たちまち劣等感が顔を出し、緊張し始めるはず。差別とは言いませんが、これも英語教育の負の作用。

ガバナンス、エビデンス、ダイバーシティー。クラスター、オーバーシュート、ソーシャル・ディスタンス。いつの頃からかカタカナ英語が蔓延する日本社会。ひらがなカタカナ漢字ローマ字、多種多様な文字を駆使する能力に長けている日本人。隣国の人々が感情を顕《あらわ》にするのに対し、我々が感情を表に出さずに済むのは、これらの文字を組み合わせてうまく心情を表現しているからでしょう。カタカナ言葉は伝わりにくいというデメリットもありながら、日本語で言うよりも、意味を軽くしたり目立たせたりという効果はあって、我々も全く頼らないのはもはや困難です。

芸能界も今や、外国人タレントやハーフタレントの方が活躍し、私も多数共演しています。ただ、時々羨ましくなるのは、彼らの言葉が妙にスーッと入ってしまうこと。同じ内容でも、日本人が言うよりも説得力があって、抑え込まれてしまう。海外の人が発する言葉が日本人のそれよりも耳を傾けられる風潮。これも日本人の劣等感からくるものでしょう。日本人は、異国の文化を取り入れる吸収力は高いですが、海を越えてやってくるものに気を取られて、自国の素晴らしさや価値に気づくことが得意ではない気がします。灯台下暗し。謙虚と言えば聞こえはいいですが、もっと自分で価値を見極める力があれば、日本橋の真上に高速道路が架かることもなかったでしょう。

浮世絵は当時の日本人にとって価値がわからず、安価で売りさばき、多くの作品が海外に渡ってしまいました。しかし、いざ海外で評価されると、たちまち「え？　そんなに素晴らしいの?!」とようやく価値に気づき、慌てて取り戻そうとしたものの、時すでに遅し。多くの作品は、海の向こうで所蔵されてしまいました。その結果、浮世絵展をやろうとすると海外の美術館から借りてこなければなりません。ゴッホなど多くの芸術家たちが認めた浮世絵。日本人はその素晴らしさに気づくことができなかったばかりか、海外で評価されたら手のひら返しで褒め称える。マスコミがやることは、国民性の顕れなのでしょう。

軍歌が流れていたと思えば、たちまちギブミー・チョコレート。この切り替えの速さはもはや才能かもしれません。

世界遺産に登録された途端に、それまで全く見向きもしなかった人たちがここぞとばかりに集まり、ごった返します。別に、そのもの自体は変わったわけではないのに。誰かがいいと言わないと判断できない人々。また、そんなものには踊らされないと意固地になる私。海外からの評価に弱いのは島国だからでしょうか。そういう意味で同じく島国の英国は、独自の価値観がしっかり備わっているように思いますが、逆にプライドが高かったり、実際のところは暮らしてみないと何が不都合かはわかりません。

海外では、路上で売られている絵画が結構売れるそうですが、日本だとあまり足をとめる人はいません。価値を自分で見出さない。どうせストリートで売られているものだろ？　と。しかし、モノの価値はどこで売られているかではなく、自分がいいと思うものの中にあるはず。ブランド志向がいけないわけではないですが、記号や他人の評価に流されやすいのも事実。

カタコトの日本語を話す外国人を笑う光景をテレビで見かけることがあります。芸能史においても、時代時代でその役割を担う人がいて、度々ブレイクしています。確かに、外国人が日本語を使ってくれることは嬉しいし、たどたどしい話し方は健気さと滑稽さを感じます。ただ、微笑ましく思うくらいならいいのですが、笑ってしまうのはどうでしょうか。外国人が過剰に丁寧な日本語を発したり、目上の人にタメ口を使ったり。日本人は、状況に応じた言葉遣いを重んじるので、それが破られた時や守られない表現を異端のように扱うことがあります。タレントは、それをエンターテインメントとして表現するからまだいいとしても、自分が海外でそのような扱いを受けたら非常に傷つくと思います。カタコトを笑う行為こそ、世界で笑われるのではないでしょうか。いや「なんで笑うの？」と不快にさせるかもしれません。悪気や悪意がない「笑い」ほど、たちが悪いものはありません。

そもそも日本のテレビ番組には、間違いを笑う習慣があります。誤答が笑いに包まれるクイズ番組。やはり島国で培われたものかもしれません。人と違うことを尊重せず、誤りを笑う。私は、「笑い」が好きでこの世界に入りましたが、こういった類の「笑い」は好きではありません。この風潮も根底には、日本人の劣等感から生まれる空気が流れている気がします。

今や海外でも通じる「かわいい」。非常に使い勝手のいい言葉ですが、いろんなニュアンスがあると思います。かつて、こんなことがありました。

番組で共演していた個性派の女芸人さん。彼女が出てくると、客席からたくさんの「かわいい！」が発せられます。ここに嘘はないでしょう。彼女はすかさず「わかっとるわ！」と被せて笑いが生まれます。吉本新喜劇のようなテンポのいいやりとり。そして誰かが言います。「かわいいっていうけど、明日からこうなっていたらどう？」、彼女を指差すと、再び場内は笑いに包まれました。

憧れだけでなく、どこかで自分を脅かさない、自分の劣等感を刺激しないものに対して、「かわいい」という言葉が向けられている気がします。

新幹線の車内に響く子供達の声。小学校低学年くらいの兄弟でしょうか。窓の向こうには孫に手を振る祖父たちの笑顔。別れを惜しむほほえましい光景。

「バイバイ！　おじいちゃん、バイバイ！」

車両が動き出し、窓から祖父の姿がなくなりました。声が止んだかと思うと、子供達の声がまた聞こえてきます。

「のぞみ、380号、東京往き！」

車内アナウンスを真似し始めました。そして。

「This is the Nozomi superexpress ……」

英語のアナウンスに切り替わっても真似をやめないばかりか、イントネーションが仕上がっています。どこかで習っているのか、完全にネイティヴの発音。受験英語では身につかなかった私の劣等感が刺激された瞬間、彼らに対する「かわいい」という感情は一気に消失しました。

日本の女性アイドルやアーティストは、背が高いと売れないと聞いたことがあります。男性は、小柄な女性を「かわいい」、自分の言うことを聞きそうだという幻想を抱いているからでしょう。日本で流行るものはどこか「幼稚さ」や「稚拙さ」が漂っている場合が多いです。ちなみに和田アキ子さんはキャラクターでこそあのように振舞っていますが、実際はものすごく繊細で、乙女な方です。

「アメリカンコーヒーください」

「アメリカンコーヒー？」

「はい、いつも日本で飲んでいるんですけど」

「そんなもの、うちにはないなぁ」

「え？　だってここアメリカですよ？　アメリカンコーヒーの本場じゃないですか」

「そんなもの聞いたことないよ。もしあったら飲ませてくれよ」

後日、アメリカンコーヒーを持って行きました。

「これがアメリカンコーヒーです。ちょっと控えめな味ですけど」

店主はカップに口をつけるや、顔をしかめました。

「おい、こんなまずいコーヒー誰が飲むんだよ。アメリカンコーヒーだなんて嘘だろ。こんなの好きなアメリカ人はいないよ」

日本人が星条旗をプリントしたTシャツを着てもなんとも思われないけれど、日の丸のTシャツを着ていたら何かあったのかと思われる国。感情を掲げない。我々は、控え目なアメリカンコーヒーが大好きなのです。

わざわざの果実

ファミリー・レストランというものが登場したのは私が子供の頃。外食産業が急成長し、外で食事をすることが豊かさの指標となっていました。デニーズ、すかいらーく、不二家。グラタン、ドリア、ホットケーキ。友達を呼んで誕生日会。とにかく憧れの場所でした。家族で出かけ、家族で過ごすこと、一家団欒が普通だった時代。その象徴として「ファミリー」レストランがありました。今は個人が重んじられる時代ですが、当時は一人で入ることに抵抗があったほどです。しかし、「ファミリー・レストラン」がすっかり浸透し、誰もが「ファミレス」と口にするようになると、次第に「ファミリー」の要素が薄まります。カップルや友達グループ、そして、お一人様の利用も増え、喫茶店のような役割も担うようになります。モーニング・メニューを頼むタクシードライバー。カウンターでビールを飲む会社帰りのサラリーマン。あらゆる人々の憩いの場として存在するようになりました。私が学生の頃は、「ちょっとダベるか」と言って、飲み食いしながらうだうだと会話をするためにファミレスに集まりました。程よい賑わいが集中力を高めるので、図書館よりもファミレスで参考書を広げる受験生もいます。逆に隣の会話が耳に入り、集中できないどころか、思わず参加したくなることも。最近では、子供を送り出したママ友たちの集合場所、「マミーズ・レストラン」になっていることもあるのですが、どのテーブルも「あの奥さん、不倫してるのよ」と話しているように見えます。

そうして、瞬く間に全国に広がった「ファミレス」。増えたのは店舗数だけではありません。営業時間も深夜2時、朝5時までと延長し、遂に24時間営業の店舗も現れます。別れ話をする男女や、とりとめのない話をするOL、飲み物だけ頼んで始発まで待機する者、ネタを考える若手芸人。コーヒーのおかわりサービスやドリンクバーは、眠らない人々を温かく迎えてくれました。

いろんな人間模様があの空間に混在しました。そんな「ファミレス」が新たな転機を迎えています。24時間営業、廃止へ。

働き方改革の影響もありますが、何より、利用者が少なくなっている。わざわざ深夜に足を運ばなくてもSNSでやり取りできるし、お金もかかりません。会わずとも事足りてしまうのです。かつて深夜のファミレスに集っていた人たちは、「わざわざ」とすら感じていなかったのに。そこにコロナの波が押し寄せ、ファミレスは営業時間短縮、店舗数減少に歯止めが利《き》かなくなりました。

一気にテレワークへの動きが加速した2020年。全ての業種が可能ではありませんが、満員電車も徐々に解消され、社会はより快適になるのでしょうか。そうすると逆に、どうして今まで会社に通っていたのか。あんな満員電車で鮨詰めにされ、痴漢に間違われてもおかしくないくらい密集する箱に毎朝揺られていたのは何だったのか。わざわざ会社に行かなくても仕事できるじゃないかと、今までの「当たり前」に疑問を抱くようになるでしょう。なんだ、会議も飲み会も自宅でできるのか。快適通勤を飛び越え、サラリーマンが通勤しなくなる日。こうして、出社も居酒屋での飲み会も「わざわざ」の仲間入り。やがて、朝の品川駅や夜の新橋も閑散とするのでしょうか。

出版不況と言いながらも電子書籍の部数は伸びているそうですが、街の書店の数は軒並み減少しているようです。自宅でクリックすればポストに届いたり、簡単にタブレットで読めてしまう利便性には敵わず、私もすっかり書店に足を運ぶ機会は減りました。

そうして、書店に行くことも「わざわざ」に。かつてはそう思っていなかったのに。

以前、家の近所に遅い時間までやっている書店があり、仕事帰りによく立ち寄りました。特に買いたいものがあるわけではなく、ぶらぶらと本たちの間を歩く深夜1時。ふと目にした言葉が心に引っかかったり、世の中のトレンドを拾ったり。そこには社会の窓があり、言葉のせせらぎがありました。

商店街の小さなレンタル・ビデオ店。ここに立ち寄って、今日の気分と照らし合わせながら、VHSのパッケージの背中をなぞる指の感触。

「何か、いいのあります？」

魚屋のように尋ねれば、店長がすかさずカウンターから出てきて得意げにおすすめ映画を教えてくれます。独断と偏見ではあるけれど、埋もれた名作に出会うことも。そんな小さなレンタル・ビデオ店もなくなり、今や大型の店舗さえも活況とは言えません。わざわざ巻き戻して返却ボックスにボトンと落としていたことなど、みんな忘れているのでしょう。

子供の頃、河川敷や山奥など、思いがけない場所で成人雑誌に遭遇したものです。誰が捨てたのか、雨ざらしで泥まみれの裸体。僕らは宝を見つけた海賊のような気分になりました。そうして代々受け継がれてきた成人雑誌との遭遇も、今やすっかり途絶えてしまいました。深夜番組でちょっとエッチな企画があれば、わざわざ眠い目をこすって気合いで起きていたものです。実家なので、親が寝静まった後じゃないと観られません。そういう時に限ってなかなか寝ない。番組が始まるまでのCMが長い。いざ始まると突然ビデオデッキが動き出し、兄貴が録画予約していて。そんなスリルや背徳感と向き合いながら目にする乳房ほど眩しいものはありません。

最近は、スマホで簡単に裸体に遭遇できます。なんの労力もなく、動画さえも手のひらで。テクノロジーの感動はあるけれど、裸体へのそれは薄まりました。私にとっては、あの廃屋に捨てられた成人雑誌こそ、大人の扉でした。

交換日記をやっていた中学時代。私と好きな女の子の間を往復するスヌーピーのノート。下駄箱に入っていると、急いで家に帰って一人、ノートを開いたものです。好きな人の文字に胸を躍らせて。その数が多ければ多いほど嬉しいものでした。返事を書いたノートを彼女の下駄箱に置き、次はいつ届くだろうかと待っている時間。今は「わざわざ」交換日記をやる者もいないでしょうか。

彼女に電話をしたくても家の電話のみ。子機もなく、親の前では絶対に話したくない。そうして十円玉を握りしめて向かった近所の電話ボックス。深呼吸して、息を整えながらダイヤルを回してたどり着くのは、中年男性の低い声。厳しい父親が取り次いでくれないのです。虚しく響く硬貨の落ちる音はやがてテレフォンカードに代わり……。住宅地に明かりを灯すあの箱のなかで私が噛み締めていたものは、青春というものだったのかもしれません。

芸能界に限ったことではないと思いますが、「顔合わせ」というものがよくあります。新番組の顔合わせ。舞台の顔合わせ。文字通り、顔を合わせるだけ。重要な話し合いはしません。具体的に生まれるものはないので、「これ、意味あるの？」と疑問に思う人もいます。確かにその瞬間の生産性はないかもしれません。しかし、そこでワンクッション入れることで、次回の話し合いや重要な決め事がスムーズに進み、「話が違うじゃないか！」みたいな「もつれ」も回避。だから、「わざわざ」顔を合わせるのです。

旅行もそうでした。プライベートの一人旅では様々な場所にカメラのレンズを向けるのに、番組のロケで訪れる旅は、たとえ海外の有名な場所でも数枚しか撮らなかったり。わざわざ自分で旅行会社に行ってチケットを手配し、ひたすら面倒なことをやって訪れた場所の景色は格別で、バスに乗るにも列車に乗るにも、どの瞬間にも感動があります。不安も伴う分、ずっと記憶に残っています。番組のお金で全てスタッフが手配し、ついていけば到着する不安皆無の海外は感動も薄く、あまり印象に残りません。先輩に奢ってもらう風俗もそう。何事も身銭を切るのは大切。富士山も、仮にエレベーターでたどり着く山頂からの眺めと、自らの足でたどり着くそれとは、私は同じだとは思いません。

最近は、孤独やお一人様がトレンドになっている延長で、ソロ・キャンプなるものが流行っています。効率化の進んだ社会で利便性に溺れた日常生活から離れ、一人で過ごす一日は新鮮で有意義に感じることでしょう。火を起こしたり、お米を火にかけたり、テントを張ってのんびりする一日。結局、「わざわざ」の果実をもぎ取りにいっているのです。わざわざの果実は、充足感を与えてくれます。スマホも圏外になり、人との関わり合いから解放され、静かに「ソロ」を謳歌するでしょう。ただ、そうした人たちも、ずっとキャンプをしていたら、やがて思うのです。

「人と関わりたい」

あの日常の煩わしさが、むしろ恋しくなるのです。そして彼らは、「わざわざ」人と関わりにいきます。キャンプ場の果実を全て食べたら、今度は都会にぶら下がる果実を食べたくなるのです。

技術革新のおかげで、たくさんの煩わしいことが回避できるようになりました。便利の果実。気づかないところで計り知れない恩恵を受けています。しかし、日常で起きる面倒なことを排除しても、必ずまた別の場所で面倒なことに遭遇し、結局、人間は面倒くさいものから逃れられません。いや、面倒くさいものを愛しているのに、それに気づかずに生きている。

ダウンロードやストリーミングが主流となっているなか、何かと手のかかるアナログ・レコードが現在も売れているのは、単に「音」だけではなく、そこにたどり着くまでの「面倒くささ」に惹かれているからではないでしょうか。

今まで普通だったことが「わざわざ」と感じるようになる。「わざわざ」は除《の》け者にされ、我々から遠ざかってゆく。しかし、その中には我々のかつての日常があり、輝きがあり、空しさを埋める何かがあるのかもしれません。もしも便利さと引き換えに失ったものがあるのなら、きっとそれは、わざわざの木にぶら下がる果実の中にあるのでしょう。

「わざわざ運転してきたの？」

「久しぶりに自分で運転したくなってね」

「わざわざ居酒屋行ったの？」

「久しぶりに会って話したくなってね」

そんな会話もそう遠くないかもしれません。

結局我々は、便利の果実と、わざわざの果実と、ふたつの果実を食べながら生きているのでしょう。

拝啓　実篤様

いつの頃からかトイレに詩のようなものが飾られるようになりましたが、それは神聖な場所として捉えられているからなのか、或いは心の老廃物を流すためなのか、深い意味はないのかもしれませんが、今日もあなたの言葉を目にしました。

「仲良きことは美しき哉」

踊るような筆文字。あなたが実際に書いたものか知りませんが、至る所で見かけるのです。直球な表現も、あなただからいいのでしょう。私のような普通の中年が言っても響きません。ただ、いつも引っ掛かってしまうのです。仲がいいことが美しいのなら、仲が悪いことは美しくないのかと。面倒くさい奴だと思われるでしょうが、せっかく用を足したのに、心に淀みができてしまうのです。

あなたが悪いとは言っていません。争いをなくすための言葉であることも知っています。ただ、真意を知らずに受け止め、なんの疑念も抱かない人にとってこの言葉は、仲が悪いことがいけないという先入観を植え付け、現代人を苦しめている気がするのです。大衆に受け入れられたあなたの言葉の副作用が、現代社会に暗い影を落としているのではないか。仲良くしないといけない。受け入れないといけない。無意識に人に対する査定が始まり。いっそ、仲良くする必要もないし、仲悪くたっていいんだと言ってくれた方が、人の性格にいちいち振り回される必要もなくなり、用を足しに来た者もスッキリするのではないでしょうか。「仲良きことは美しき哉、仲悪きことも美しき哉」。

イギリスに「オアシス」という伝説のロックバンドがいました。核となる二人は、兄弟でありながらその仲の悪さが有名で、彼らの言動は度々海を越えて報じられたほどです。しかし、目も当てられないほど子供じみた世界一有名な兄弟喧嘩は、美しくないかと言えばそうとは思えません。むしろ、あの仲の悪さが彼らの作品を高みに誘い、神格化させた気がするのです。きっと、心の底から嫌ってはいないのでしょう。喧嘩するほど仲がいいというように、言い合える関係こそ仲がいい証とも言えますが、別に仲が悪くたっていいのではないでしょうか。

「一年生になったら」という童謡があります。大好きで、小学生の時たくさん歌いました。鼓笛隊でも散々演奏したので、低音パートの方がよく覚えているくらいです。

「友達100人できるかな」

「100人で食べたいな」

「100人で駆けたいな」

入学する子供達に寄り添うこれらの朗らかな詞が、やがて重圧に変わります。もちろん楽曲に罪はありませんが、まるで友達が多くないといけないような錯覚に陥ってしまうのです。少なくても問題ないのに、恥ずかしいことかのような。それは昨今のSNSなどで如実に表れました。それまでは友達が多いかどうかなんて曖昧だったのに、数値化された友達の輪が、残酷なくらいに現実を突きつけます。そもそもSNS上の数値が真の友達の数ではないのに、多いことが理想という固定観念のせいで、人としての価値とさえ勘違いする始末。あの歌がいつまでも頭の中でリフレインするのです。

私なら、「一人で生きて、行けるかな」に歌詞を変えます。現代版「一年生になったら」。友達の多さより、一人で生きることの大切さを入学式で歌うのです。

余談ですが、「友達少ないんで」と自虐的な笑いに走る人がいますが、この表現があまり好きではありません。というのも、友達が多いことが優れていて、少ないことがおかしいという前提で発しているからです。5人を少ないと思う人もいれば、多いと思う人もいるでしょうが、少ないことは決して笑いの対象になることではありません。私が望むのは、友達の数が尺度にならず、孤独や孤立が弱者として奇異な目を向けられない世の中です。

それでも友達の増減に一喜一憂してしまうのは、自分に自信がないからでしょうが、それも平和の証。生きることに必死だったら、そんなこと気にする暇さえありません。物質的な豊かさを手に入れると、精神的な充足感を求めてしまうのが人間の性質で、友達の数で得る充足感はまやかしのそれです。

一人焼肉を報告するインスタグラム。「本来は複数で食べる焼肉ですが、一人でも平気です」。しかし、本当になんとも思っていなかったら、そんなこと報告もしないし、「一人」を付け足さない。

同様に違和感を覚える「ぼっち旅」。一人ぼっちで行く旅。ちょっと待ってください。旅って一人が普通じゃないですか。ここにも、「本来は複数で行く旅にあえて一人でチャレンジしました」感。なぜ、一人を強調するのか。なぜ、一人で平気だとアピールするのか。普通なことなのに。そういう人に限って、いざ本当の孤独を味わうと、一人じゃいられなくなるタイプなのです。

人間は、本来孤独であって、一人が当たり前。孤独死だって、あえて「孤独」をつける必要もない。仲が悪いのも当たり前。それは夫婦だってそう。喧嘩しないことが「いい夫婦」ではありません。喧嘩しててもいい夫婦なのです。そういえば、サラリーマン川柳は、奥さんに尻に敷かれつつもそれを可笑しみで表現した男たちの悲哀が良かったのですが、最近では逆に、綺麗な奥様の写真を撮ってアップする「嫁グラフィー」なる潮流が生まれているそうです。うちの嫁最高だろう？って、最高だから結婚したのですから言う必要ないのです。「愛妻家」が目立つ世の中ですが、嫁を愛しているのは当たり前。むしろ、嫁をネタとして利用しているようで、違和感を覚えます。

かつて深夜ラジオでは、食べ物の好き嫌いを言うようにパーソナリティーがアーティストの悪口を喋っていました。今では考えられないでしょう。誰だって、好きなものを汚されたら嫌ですし、あまりネガティヴな感情を表に出さない日本人の国民性というのもあります。でも、本当は好き嫌いがあって当然。それを公にするかは別として。少なくとも、嫌いを好きに変えようとする必要はなく、嫌いは嫌いのままでいい。嫌いになっちゃいけないという価値観が、人々を苦しめていると思うのです。

自慢じゃないですが、私は嫌いな人がたくさんいます。一般的にどれくらいが平均なのかわかりませんが、間違いなく多い方でしょう。嫌いという感情をエネルギーにするので、嫌いな人を好きになろうという努力もしません。また、嫌いというより、関わらないでおこうという人もいます。きっと、分かり合えないだろうから。嫌いだったのに、話したら好きに変わることもあり、その逆もありますが、総じて、嫌いが強い人間は、好きのエネルギーも強い気がします。

これだけ言っておいてなんですが、嫌いな人がたくさんいても、その人が消えて欲しいとは思いません。すごく嫌いな人でも亡くなったらそれはそれで悲しくはなります。意外といい奴だったよな、みたいに。商店街の中で全く利用はしないけど、なくなったらちょっと寂しくなる謎のブティックのような。ですから大切なのは、距離感。嫌いな人に対しては然るべき距離を保つことで、関係性を維持しています。それは仲がいい人も同様で、仲がいいからといって、あまり踏み込みすぎると嫌な面を見てしまうこともあります。

富士山も、どこから眺めるかで表情はまるで違います。遠くからは流麗ですが、至近距離だと荒々しさを感じたり。距離によって大きく異なる印象。近づくというのはそういうこと。憧れの野球部の先輩は、金網越しに眺めているのが一番美しいのです。だから、共に生活するのは富士山を登るようなもの。なんなら噴火だってあり得るわけですから。どんなに好きな場所でも、いざ住むとなると印象が変わるように。だから私は無責任かもしれませんが、どんな人でも、これ以上踏み込むと嫌いな部分も見えそうだなと感じるあたりで距離を保つことを心掛けています。ただ、そんな私も、昔は距離感をうまく摑めませんでした。

「もしよかったら、連絡先でも」

可愛らしい制服のウェイトレス。あまりにキュートな容貌に、20代の私はつい声を掛けます。

「じゃあ、僕の番号を書きますね」

ケータイ番号が書かれた紙のナプキンが彼女の手に渡り、エプロンのポケットの中に畳まれて収納されました。きっと掛けてくるだろう。こういう時、男はなぜか根拠なく楽観的思考になるもの。その夜です。

「きた！！！」

見知らぬ番号を掲げて私のケータイが鳴っています。その日のうちになんて、最高じゃないか。芸人になってよかった！　テレビの力ってすごい！　そんな気持ちを悟られないよう、極めて低いトーンで出ました。

「もしもし」

「あの～今日、喫茶店で」

「喫茶店？」

「はい、いらっしゃいましたよね？」

「あ～そうだそうだ、はいはい」

ずっと待っていたくせに、思い出したかのような応対。

「今日、お店で番号渡しましたよね、その子のバイト仲間なんですけど、ほんとなのかなと思ってかけてみたんです！」

バイト仲間？　どういうことだろう。言われてみれば、声が昼間交わした女性とは違う気がします。一体何が起きているのか。

「えっと、そっか。じゃあ、教えてもらったってことかな？」

「いえ、貼ってあったんです」

「貼ってあった？　どこに？」

「冷蔵庫です」

「冷蔵庫？」

「はい、厨房の」

その後に続いたであろう言葉は全く入ってきませんでした。家庭用ではないですから、銀色に輝く大きな業務用冷蔵庫。発注先の業者の番号に並んで、なんなら「水道トラブル」などのマグネットの横に、私の番号が貼られていたのでしょう。あの小娘、なかなかやるじゃないか、こうなったら、どんな発注でも受けてやる。

それからというもの、私はそのお店に足を運ぶことはなくなりました。これこそ、距離感が摑めていない悪い例。うら若き20代の苦い経験ですが、あまりに下手でした。店員と客という距離を詰めようとするからいけないのです。途端に「気持ち悪い客」となったでしょう。今ならそんなことはしません。

「今日はケーキ、どんなのがあるかな？」

「えーっと今日はチーズケーキと……」

きっとこれが彼女を一番美しく感じられる距離。この距離を楽しめる大人になれたと思います。

親との距離、兄弟との距離、友人との距離。週に一度会う人、月に一度会う人、毎日会う人、すっかり疎遠になった人。まるで、宇宙を形成する惑星のように存在する人々。中には嫌いな人もいます。好きな星も嫌いな星も、どちらも銀河系を構成する大切な星。遠くで眺めたら、天の川のようになっているでしょう。

あなたの言葉から、こんな話になってしまいました。それもあなたの力でしょう。とところで、あなたにとって私はどのような存在でしょうか。あなたに好かれたいわけではないですが。

二色の虹

先日、視力を測る機会があったのですが、愕然としました。スマホ老眼なのか、普通の老眼なのか、最近はとにかく近くの文字がぼやけ、濁点と半濁点の区別もつかない始末。そろそろお尻で踏んづけても壊れない眼鏡に頼るべきかと悩んでいたほどだったので覚悟していたのですが、結果に衝撃を受けました。2・0。両目とも、視力は全く落ちていなかったのです。

子供の頃からずっと好成績をおさめてきたのですが、ここ数年で一気に世界が変わりました。視力がいいと老眼になりやすいとは言いますが、体感的にはもう0・1くらいに低下していると思っていたのに、まさか2・0だとは。実感している衰えが数値に全く反映されていないことに戸惑いを隠せません。じゃあ何のための検査なのか。「視力」

とはなんなのか。老眼かどうかを測る機械は他にあるのかもしれないし、きっと医学的にも間違っていないのでしょうが、どうにも腑に落ちません。

実情は変化しているのに値は変わらない。表向きは平静を装っているけれど内実が大きく変化していることは「視力」以外にもあるのではないかと、私の目はむしろ鋭くなってしまいます。

テレビ視聴率。以前は視聴率というと「世帯視聴率」という名目で測っていました。100世帯のうち、どれくらいの割合で観られているか。しかし、家族団欒のない時代。世帯といっても実際は個人で見ている場合が多く、同じ視聴率10パーセントでも、かつてと今とでは実際に観ている人数が違います。実情とかけ離れてきたので、最近では「個人視聴率」という新たな計算方法でも測られるようになっています。

人々の容姿はどうでしょう。最近は、見た目が若いご年配の方が増えました。同じ60歳でも、昔と今では印象が全然違います。もはや60歳をお年寄りと呼んではいけないくらい元気な方が多いですが、見た目は若くても、内臓などはしっかり齢を重ねているのでしょう。40代の私も、かつてはいくらでも食べられた鶏の唐揚げが、今は2個食べたら満腹。3個で翌日胃もたれ決定。見えない部分はしっかり年を取っています。見た目と中身の乖離がここにも見られます。

唐揚げで思い出しましたが、ビタミンCの単位としてレモンを用いるのをそろそろやめにしませんか。確かに豊富ではありますが、ビタミンCはレモンだけのものではありません。パプリカ、ブロッコリー、キウイ、イチゴなど、ビタミンCが豊富な食物はたくさんあります。イメージがないから「柿100個分のビタミンC」と言われてもあまりピンときませんし、キウイも種類によってはレモンの8倍もあるのに、「キウイ12個分のビタミンC」だと「レモン100個分のビタミンC」に比べパンチが弱い。結果、ビタミンCの単位はほぼレモンの独占状態が続いています。私は、ジュースにもならず、ケーキやアイスにもならない、実直で堅物な国産の柿に譲ってあげるべきだと思います。

柿で思い出したのですが、牡蠣を「海のミルク」と呼ぶのにも違和感を覚えています。牡蠣の栄養がいかに豊富かを示すための言葉ですが、私はどうしても「ミルク」というと、栄養より「クリーミー」「まろやか」などの、いわゆる「ミルクっぽさ」を連想するので、「海のミルク」と思って食べるとそのイメージが邪魔をし、どうもしっくりこないのです。私だったら、「海の栄養大臣」というキャッチコピーをつけます。大豆を「畑のお肉」と表すことも同じです。たんぱく質が豊富に含まれていることからそのような表現が使用されていますが、私だったら「畑のたんぱく大臣」にします。組閣がいいかは別として、説明が必要だったり、食べ物を食べ物で例えたりすることに異議を申し立てたいのです。

広さを伝える尺度は「東京ドーム」が一人勝ちです。おそらく「国際尺度会議」で決められたのでしょう。ちなみに、その前は何を使用していたか覚えているでしょうか？後楽園球場や甲子園球場、そして皇居も広さを表す単位になっていました。実際、皇居がどれくらいの広さかわからないものの、「なんとなく」伝わるものはあります。体積に関しては、霞が関ビルやサンシャイン60などが使われていたそうです。太古の昔は、「古墳10個分」や「マンモス10頭分」などと言ったのかもしれません。ちなみにアメリカでは広さをアメフトのグラウンドで例えることはあるそうですが、基本的に海外では「何個分」という表現はあまりしないそうです。日本人は「わかった気になれる」から、頻繁に用いるのでしょう。

新型コロナへの対策として新しい尺度が注目されています。人々がどれくらい移動したか、自宅待機がどれくらい実行されているのかを「%」で示すもの。こんなことまでわかってしまうなんて。なんでも数値化できる時代。そうなると、「忙しさ」も数値化できるかもしれません。「忙しい、忙しい」と騒いでいる人が実際どれくらい忙しいものなのか。あの人は行動範囲から算出して「80ビジーだ」とか、「俺、先週2500ビジーだったよ」「あの人いつも忙しぶってるけど、2ビジーらしいよ」とか。移動しなくても忙しい場合もあるでしょう。ただ、「忙しい」=「仕事ができる」というイメージがありましたが、最近はそうとも限らず、むしろ効率や要領が悪い印象を与えるのだそう。ずっと昔も、「忙しい」は恥ずべきことだったようですが。「busy」「business」。しかし、どんなに仕事を依頼されても、キャパ以上のものは請け負わず、自分の時間を保てる、それが現代のできる男。これからは「busiless」なのでしょう。

さて、老眼になったこと自体はあまり悲観していません。むしろ、これくらいがいいのではと思っています。なんでも見えすぎるのはかえって苦しくなってしまうから。私の家は床が白いのですが、やたらと髪の毛だとか落ちているものが目についてしまいます。汚れが目立たないフローリングの方が楽ではあったので、ある程度見えないことも大切な気がします。

高音質であるハイレゾ音源があまり浸透しないのもそういった理由かもしれません。そこまで過密な音の情報を求めていない。これは日常生活でも言えることで、人の考えていることや自分が人からどう見られているかなど、本来聞こえなくてもいいものが主にSNSを通じて聞こえる「ハイレゾ社会」では心が疲れてしまいます。以前、ファンの方にこんな写真がネットに上がっていますよ、と報告されました。コペンハーゲン空港のラウンジでぐったりしている私の姿がありました。おそらく私を見かけた誰かが勝手に撮ってネットに上げたのでしょう。本来知らなくて良かったことまで耳に入ってくる、聞こえすぎる社会も一長一短と言えるでしょう。

視力とは違いますが、日本人は色の識別能力が高いそうです。それが顕著に見られるのが虹の描き方。私たちは虹を7つの色で描きますが、これは万国共通ではありません。国によっては6色だったり5色だったり、多いところでは8色、少ないと2色で描く人たちもいます。同じ虹を見ていても、色の認識の仕方が違う。日本人は、青の中にも群青色とか紺色とか、たくさんの種類を用い、色にまつわる言葉も豊富。一方で、虹を2色と認識する人々は、色を明るい・暗いで識別し、赤と黒で描くそうです。

しかしながら虹は、色鉛筆で塗るように7色でできているわけではありません。多くの水滴で反射した無数の光で構成されるので、グラデーションのように並んでいます。これを「7色」としたのはニュートンで、「ドレミファソラシ」の音階に合わせたとのこと。世紀の科学者である彼自身はもっと複雑だと知りながら、当時信奉されていた

「音楽」に合わせ、「7色」にしたのです。自然と音楽を結びつける風習。それまでは日本人も7色に描かず、5色だったり、地方によっては2色と認識していたそうです。

我々も、虹が7色に見えているというより、「虹は7色」という固定観念、先入観によって、見える気がするのでしょう。「7色」だと思い込んでいる。子供が初めて虹を見たとき、果たして彼は7色で描くでしょうか。時々、太陽を真っ白に描く子供もいます。見たままを表現しているのに、それがいつの間にか赤色で描くようになる。それを成長と呼ぶのでしょうか。

アイスランドではオーロラが有名なのですが、虹もたくさん現れます。気配がするくらい。「え？　何？」と振り向いたら両足をつけた虹が大きく架かっていたり。あまりに頻繁に架かるから、アイスランドの人々は虹に対してリアクションしません。日本だと「あ、虹だ！」と、授業が中断するくらい大騒ぎしますが、もしも虹が毎日現れたら、そこまで騒がなくなると思います。

「虹は7色で縁起がいい」

風土や環境によって培われた日本人固有の考え方。現れる頻度も大きく影響しているでしょう。そもそも虹が何色かなんてどうでもいいと思っている国も少なくありません。血液型と性格を結びつけるのも海外では珍しいように。

チベットの人々は歌うことが好きです。暮らしとともに歌があり、宗教と同じくらい大切なものですが、興味深いことに、チベット民謡は五線譜で表しません。ドレミファソラシドという音階で分けていないのです。ト音記号や我々が目にする音符はなく、もっと波のようなうねりのような、抽象的な線で書かれています。そうやって古くから伝えられてきました。音を我々と同じ音階で区切っていないのです。しかし、音も光と同じで、本来は鍵盤のように分けられているものではありません。

踏んだり手で押したりすると摩擦で「キュッキュッ」と音が鳴る、鳴き砂。その音階は「ラ」という研究結果があったようです。「ラ」というのは、440ヘルツ。オーケストラが演奏前に音を合わせるのも「ラ」。この音は人間にとって特に心地よい周波数のようです。皆が踏みたくなるのは、そのせいもあるでしょう。なぜ「ラ」の音になるのかはわかりませんが、自然と音楽の結びつきがここにもありました。大地の音。地球の声。我々がそれをいい音だと認識するのは、人間が「自然から生まれた生き物」である証拠かもしれません。現在も「ラ」は聞こえているけれど、自然界の見えないところで大きな変化が起きていないといいのですが。私の老眼のように。

La Vie en Rose（ラ・ヴィ・アン・ローズ）

トンネルに差し掛かると、私は、腿を抓《つね》ります。世の中に同じことをしている人がいるかわかりませんが、数年前からの習慣。車を運転しながら、ぎゅーっと抓るのです。

「あ、また消し忘れた！」

エンジンを切ると、「ピー」と喚く警告音。また、やってしまいました。ライトの消し忘れ。

「そうだ、あの時……」

振り返ると、いつもトンネル。昼間でもトンネル内はライト点灯が義務づけられているのですが、進入の際に点けたことを忘れ、トンネルを抜けてもそのまま走り続けてしまうのです。真昼間なのに煌々と。だから、「消し忘れ注意！」と入り口で肝に銘じるのですが、数十秒の間に頭の中で様々なことがよぎってしまうのでしょう。本当にすっかり忘れているので、その「ピー」という音に、驚きと悔しさでいっぱいになるのです。それで、なんとかしたいと足を抓り始めたのですが、これには根拠があります。

「暗記の時は、ワサビを舐めろ！」

大学受験を控えていた頃に流れた噂。記憶は、痛みを伴った方が深く刻まれるという謎の理屈から、英単語や歴史の年号を覚える際、ただ叩き込むのではなく、ワサビを舐めた方が記憶が強固になり、忘れにくくなるとのこと。確かに、夏の恋が記憶に残るのは、暑さという痛みのせいかもしれません。私も、気持ちよく受けたことより激しくスベったことの方がしっかり古傷として残ります。ただ、ワサビだと目に涙が溜まり運転に支障が生じるので、腿を抓る行為に落ち着きました。

しかし、必ず功を奏すとは限りません。勝率4割。なぜなら自分で抓っても痛くないのです。どこかで加減してしまうので、助手席の人に思い切り抓ってもらわないとワサビ効果は出ません。もちろん、「抓ること」自体を忘れてしまうことも。今後はＡＩが教えてくれるか、全て自動になるのでしょうが、日増しに激しくなる己の忘れっぽさには呆れてしまうのです。

人の顔を見ても名前が思い出せない。「ほら、誰だっけ、ほら芸能人！」、そんな言葉を浴びては傷ついたものですが、発する側の気持ちがわかるようになりました。本当に出てこない。冷蔵庫の扉を開けて、あれ？　何を取ろうとしたんだっけ。携帯にメールの着信があり、誰かなと思ったら、自分でパソコンから転送したものだったり。寝る前に思いついて、明日絶対思い出してやると思っても、翌朝、そのことすら覚えていない。

先日も、こんなことがありました。

家を出て車を颯爽と走らせていると、道行く人が私の車を目で追っています。

「やっぱりこの車、かっこいいんだな」

しかし、どうも視線が車の先端に向けられ、中には指差す人も。

「え？　何かおかしい？」

まるで優勝パレードのような注目度に、車を停めずにはいられません。降りてみると、顔から火が出ました。先端のバンパーの上に大きな枕が乗っていたのです。エアバッグではありません。天気がいいので天日干ししていたのをすっかり忘れ、そのまま走り出しました。干すのにちょうどいいのです、顎のような出っ張りが。しかも、一回だけではありません。何度も同じ過ちを繰り返し、枕と20分ほどドライブしたこともあります。もしも道路に枕が落ちていたら、私のだと思ってください。バンパー部分はとても危険で、これまでもサングラスや手袋、家の鍵など様々なものを置き忘れて紛失しました。そんな中で奇跡もありました。

「え？　どうしてここに?!」

車を降りると、銀色のタンブラーがバンパーの上に乗っています。

「そうだ、置いたんだった」

どうやら、「顎」に置いたことを忘れ、高級車のエンブレムのようにタンブラーを乗せたまま30分ほど走っていたのです。最後まで倒さずに。自分のソフトなドライビングテクニックもさることながら、磁石もなくよくぞ持ち堪えました。縁起がいいので、「落ちないタンブラー」として、崇めてもいいくらいです。

それにしても、タンブラーはよく忘れます。朝出かける際にコーヒー豆を挽き、お湯を沸かして抽出しておいたのに、車の中で飲もうとしたら、「あれ？　ない」。仕事を終えて帰ると、すっかり冷めたコーヒーが玄関で出迎えてくれました。

冬場なんて大変です。あれ、ストーブ消したっけ？　エアコン消したっけ？　と、何度も家に戻ります。忘れっぽいに心配性が掛け合わさるともう手に負えず、行ったり来たりでなかなか家から離れられません。かと思えば、中学時代に習っていたピアノ曲は、長いこと弾いてなくても指が勝手に動きます。体が憶えているのか、人間の記憶というのは本当に不思議です。必要なものは覚えている、そんな表現も耳にしますが、私は懐疑的です。もしそうなら、こんなにパスワード地獄で苦しんだりしません。それともログインする必要がないということなのでしょうか。

忘却は人間の素晴らしい機能だと思います。この機能がなかったら、悲しみも消えず、痛みが癒えることもない。生きるのが辛くなるでしょう。なので、できることなら、これは忘れていいもの、これは忘れてはいけないものと、頭の中でフォルダを分けられたらいいのですが。やはり、現代人は情報量が多すぎるのではないでしょうか。昔の人が一年で得る情報量を、現代人は一日で得ていると言います。日々浴びる、情報の雨。しっかり処理する前に容赦なく流入する新しい情報に、頭の中はずぶ濡れ。氾濫しているのでしょう。

かつて、携帯の電波が圏外の場所に滞在していると、最初は繋がらないことで不安になったのですが、徐々に慣れ始め、むしろ体が軽くなっていく感覚がありました。情報を遮断すると頭の中が整頓され、繋がりから解放されると、心が軽くなる。我々は、ぼーっとする時間が足りないのかもしれません。授業中、昼休みの後、カーテンを揺らす風が心地よく、ついぼーっとしていました。「こら、ぼーっとするな」と先生は注意しますが、あの時間は決して悪いことではなく、脳にとって必要な時間だったと思うのです。脳の中が整頓される、いわば脳の冷却装置。スマホによって奪われたぼーっとする時間を、今こそ我々は取り戻すべきではないでしょうか。ぼーっとしている時に、アイデアが浮かぶこともあります。テーブルの上でパソコンとにらめっこしていても全然出ないのに、ふと離れて散歩していたら急に浮かんだり。瞑想というと大げさですが、もっと、ぼーっとしていいのかもしれません。

認知症の方に音楽を聴かせると、昔のことを思い出す効果があるようです。話しかけても知人が訪れても思い出さないのに、音楽には反応する。音は直接脳に訴えているからでしょうか。認知症でなくても、かつて聴いていた曲がふと耳に入ると、当時のことが空気とともに蘇る経験は誰しもあると思います。匂いもそう。脳はしっかり記憶していて、それを呼び戻す機能が低下しているだけ。匂いも音も、記憶の箱を開けるパスワードなのでしょう。

忘れていても、思い出せなくても、脳のどこかには残っている。記憶の箱が開かないだけで、完全に消去はされていない。記憶喪失の人が失った時と同じ衝撃で復活することがあるのも、そのためでしょうか。

『エターナル・サンシャイン』という映画では、消し去りたい記憶を脳から完全に消去できる世界が描かれています。嫌な記憶。忘れ去りたい記憶。誰しもあると思います。データのように簡単に上書きできたなら。ただ、この映画を度々観て思ったのですが、記憶そのものが痛みなのではないでしょうか。微かな痛み。タトゥーのように、脳に刻まれる記憶。やがて別れが訪れたとき、それは激しい痛みになって。私たちは、記憶という痛みを抱えながら、日々生きている。

昔のことを思い出すとき、学生時代の光景が蘇ることがありますが、どちらかというと、写真の記憶のような気がします。当時のことを覚えているというよりは、懐かしんで眺めていた写真自体を記憶している。アルバムにはそんな役割があります。最近はインスタグラムがアルバムがわりになっているのかもしれませんが、枚数が多すぎて懐かしむのも大変でしょう。

日本人はとにかくレンズを向ける人種。海外の人が日本人を描写する際、カメラを手にしていることが多いようです。行く先々でレンズを向けてばかりで、肉眼で見る時間が少ない。私はあるとき、写真を撮ることに振り回される自分に嫌気がさし、カメラを置いて旅に出かけました。残すことに気を取られて「今」という瞬間をしっかり受け止めていないのではないか。もっと、「今」と対峙したい。そうして手ぶらで旅立った私は、美しい光景を前に思うのです。

「カメラ、持って来ればよかった」と。

めちゃめちゃ後悔しました。めちゃめちゃ撮りたくなりました。しかし、その「後悔」というフィルムにしっかりと、目の前のものが記録されたと思います。

『ひるおび！』で共演している恵俊彰さんは、デビュー当時から可愛がってもらっている事務所の先輩なのですが、ユニークな振り返り方をします。スマホの検索履歴。脳の中を開けられるようなもので、人には見せられないでしょうが、かつてどのような言葉を検索していたのか、こんなことを気にしていたのかと、記憶を辿っては微笑んでいるそうです。

覚えることに必死だった受験勉強の影響か、忘却を恐れ、まるで忘れることはいけないかのようなイメージを抱きがちです。忘れたっていい。残さなくていい。

両親に連れられて行った、シャンソン歌手のライブ。かなりご高齢で、80歳は過ぎているであろう女性シンガー。ゴージャスなドレスを身に纏《まと》い、一人妖艶に歌っているかと思えば、いきなり「あれ？　なんだったっけ？」と、途中で歌詞が飛んでしまい、頻繁に中断するのです。しかし、臆することないその態度に、お客さんは喜び、拍手すら起こる会場。「あら、また忘れちゃったわ」それはまるで、記憶の痛みから解放されているかのようでした。歌詞が飛んでもけろっとしている振る舞いに聴衆も魅了される、シャンソンの夕べ。「La Vie en Rose」が流れてきました。

隙の効用

隙のある女性はモテる。雑誌等で見かけるフレーズですが、「隙」ってなんでしょう。男性の考えるそれと女性のそれは違うかもしれませんが、確かに口を真一文字にしているよりも、かすかに開いている方が柔らかな印象を受けます。グラビアを飾る人が、マリリン・モンローのように程よく唇を離したり、アイドルがあひる口や鼻にかかる声を発したりするのも、男性に「隙」を感じさせるためかもしれません。仕事で失敗しない女性が意外とお酒に弱かったり、私生活はどこか抜けていたり。キビキビと早口で捲《まく》し立てる人よりも、ゆっくり話す人の方が声を掛けやすいのも「隙」のおかげでしょう。ほのかに計算が見え隠れするこの手の「隙」は、美人じゃないと単なる事故でしかないという厳しいご意見もありますが、「隙」が「可愛げ」や「親しみやすさ」に繋がるのは女性だけではありません。

昨今のＳＮＳでもそうです。観る者にリアクションしやすい余白や「のりしろ」を作ってあげた方が「バズる」傾向にあります。言いかえるなら、突っ込みどころ。完璧なものよりも、未熟で未完成なものに魅力を感じ、そこに感情の入り口が生まれる。みんな関わりたいと思っているから、突っ込めることが嬉しくて。「隙」には多くの人を巻き込む力があります。完璧な舞台装置の上で魅了するアーティストもいれば、自宅で生活感溢れる中で歌う親近感。作り込まれた世界から、作り込まれていない世界へ。

「非の打ち所がない」という表現は本来褒める際に使用されるものですが、これからは「非の打ち所がたくさんある」ことも魅力になるでしょう。私がＭＣを務める『５時に夢中！』が愛される理由はそこかもしれません。突っ込みどころ満載。隙だらけ。予算やスタッフの不足から、どうしても滲み出てしまうローカルの香り。開き直ってはいけないですが、これも「隙」の力。

昔はテレビを観て、「隙」を感じることはありませんでした。完璧だとは思わないにしても、突っ込みたくはなりません。スポーツアニメやドラマがたとえリアリティーに欠けていても、そのまま受け入れていました。それが、ＳＮＳの普及とともにテレビの求心力が低下すると、視聴者の突っ込みが可視化され、それらが報じられるようにさえなりました。しかし、「隙」に注がれる容赦ない言葉は、番組への愛情以外の何物でもありません。

気をつけなくてはならないのは、「隙」は意図的に作れるものではないということ。「ゆるキャラ」という言葉が登場する前は、地方自治体が一生懸命作ったキャラクターが、あくまで結果として、見るも無残な痛々しい姿になり、そこに愛らしさを感じたものです。それが、「ゆるキャラ」と名付けられると、最初から「ゆるさ」狙いで作り出したものが乱立し、本来の魅力が半減。ブームや流行が衰退する理由はそういう所にあります。これと同様に、「隙」も狙ってうまくいくものではないのです。

どうしたら手に入るのでしょう。ネットで買える訳でも、ホームセンターに置いてある訳でもありません。「隙」なんて絶対に見せるものかと思っている場所に宿るものかもしれません。良性の「隙」。一方で、狙って意図的に作るものは養殖、あるいは悪性の「隙」。

隙だらけでもダメですが、隙がなくては愛されない。隙は人間らしさ。私の周りは魅力的な「隙」を持っている人ばかりです。

内村光良《てるよし》さんは、あの地位にありながらも、確かに「隙」がありました。独身時代もよほど稼いでいるであろうに、コンビニ弁当で毎日生活し、ロケ弁当も若手芸人かというくらい美味しそうに食べる。言葉もキツくないし、若手の芸人たちを絶対に追い込んだりしません。それでいて自身の芸には人一倍厳しい。一度、収録現場に遅れて入られたことがありました。大幅なものではなく、20分程度なので収録に支障が出るレベルでは全くなかったのですが、そのとき私が見たのは、大きな声で「遅れて申し訳ありませんでした！」と、若手たちが集う楽屋の扉の前で頭を下げる内村さんでした。内村さんを悪く言う人を見たことがありません。収録現場にいつも和やかで平和な空気が漂っているのは、内村さんに「隙」があるからでしょう。

さまぁ〜ずのお二人も素敵な「隙」を持っています。ロケ番組などを拝見しても、「隙」というか「ゆるさ」のようなものが伝わり、終始リラックスして観られます。私にとっても、唯一「末っ子」になれる存在。かつて知り合いの放送作家が言いました。「さまぁ〜ずさんは、一緒にサボってくれる先輩なんだよな」と。確かにそうなのです。「一緒にやろう！　頑張ろう！」じゃなくて、「ちょっとサボっちゃおうか」と言ってくれそうなのです。お二人とも笑いへのストイックな姿勢は単独ライブで周知の通り。その才能が抜群なのは言うまでもありませんが、どことなく漂う「適当」感も芸能界屈指のものだと思います。

それに比べてどうでしょう。サボろうとしている人にはなにも言わずにただ冷たい視線を向け、この人にどうしたら天罰が下るだろうかと頭の中で想像している。私はそんなイメージじゃないでしょうか。

さっきからずっと見知らぬ男が怖い顔で睨んでくると思ったら、窓に映る自分の顔でした。眉間にしわを寄せて。普段こんなに怖い顔をしているのかと驚きました。まるでベートーベンのようなしかめっ面。しかし交響曲を書かないベートーベンはただ嫌われるだけ。これじゃ話し掛けられるわけがありません。「隙」を見せるどころか、槍を持って門番しています。

ＤＪ仲間と5人で地方遠征をすることがありました。普段は都内の小さなクラブで毎月開催しているのですが、その日は車2台で山梨のクラブに向かうことに。

「じゃあ行こうか」

さて問題です。私ともう１人が運転する山梨への旅。どのような比率で乗車したでしょう。正解は、１：４。私が１人で、もう一台に４人。すごくないですか。私は一人乗りのＦ１カーで来たわけではありません。４ＷＤの大きい車。もう一台は普通の乗用車なので、どちらかというとこちらに偏ってもいいはず。ただ、仲が悪いのではありません。そのメンバーで20年以上も続けているわけで、逆にわかり合えているのです。彼らは、「あの人はきっと一人でいたい人だから」と察知している。確かにそうなのです。乗ってくれたらそれはそれで嫌ではないのですが、この1：4も決して苦痛ではないのです。途中のサービスエリアで、「さっき混んでたね〜」とか、「じゃあ、次は○○サービスエリアで合流しよう！」とか、そういうのが好きなのです。

いつの間にか、「一人が好きな気難しい人」になってしまいましたが、もともとそういうタイプではありませんでした。学生時代は陽のあたる場所にいて、学生服の私はほとんど笑顔。どの瞬間も笑っています。いつから笑顔がなくなったのか。受験戦争の後遺症でしょうか。高校時代は、電車の中でいつも考え事をしていました。どうして子供の頃の一年と大人になってからのそれは違うのか。曲の速い遅いはどういう基準で決まるのか。哲学者のような生活でしたが、写真の中では笑っています。

やはり、おかしくなったのはこの世界に入ってから。自然な笑顔ができなくなりました。それまでは、場を明るくするタイプでしたが、空気が淀むと言われるようになりました。学生時代まで順風満帆だったのに。私は心の扉を閉めました。人を信用しなくなり、壁を作りました。壁は城壁となり、オートロックにホーム・セキュリティーもつけて、小さなお城を築きました。そして小さな天守閣からいつも世の中を覗いているのです。傷つきたくない城の繊細王子。信じていないのは世の中ではなく、自分自身かもしれません。

批判を覚悟で言えば、末っ子だったり、幼少期から足が速かったり、生まれ育った環境もあると思います。僕は兄よりも頑張っているんだ。なんでも一番じゃないと嫌なんだ。舐められたくない。努力も弱点も見せたくないし、弱音も吐きたくない。褒められて人生を歩んできたことのしわ寄せが、ここへきて一気に生じたのでしょう。

芸能界に向いていないとも思いませんが、これまで読んで頂いておわかりのように、昨今のネット上の価値観とは完全に逆行しているタイプだと思っています。「隙」を見せないどころか、むしろ「隙」を埋めようとするので。でも、本当は違うのです。みんなに見せたいのです、たくさんの「隙」を。もっと弱い部分を見せたい。なのに、見せ方がわからない。甘え方がわからない。私の「隙」は、どこにありますか。


「りょうくん、うちのクラスにおいで」

幼稚園に行くと、クラスの先生たちが私の腕を引っ張り合っています。その頃の写真を見ると確かに、誰もが欲しくなってもおかしくないほどの愛らしい顔立ちでした。その子は時を経て、「ちょっと待ってよ〜!」とひな壇で叫ぶ仕事をするようになります。計算してみました。4歳から陽が当たっていたとしたら、日向が16年、日陰が26年。植物ならとっくに土に還っているのではないでしょうか。比較的高かった自己肯定感は一気に低くなりました。長調から短調ときて、次の楽章はどちらになるのでしょう。

完璧な人間がいないように、隙のない人間もいないのではないでしょうか。自分が完璧だなんてもちろん思いませんが、私にもきっとあるはずなのです、素敵な「隙」が。

私は不幸ではありません。どちらかと言えば、恵まれている方だと思います。しかし、私に「隙」を感じる人と出会えたなら、多大なる幸せを享受できる気がします。仕事においても、プライベートにおいても。私に「隙」を感じる人。私が「隙」を見せられる人。この本を読んで、わがままに育った哀しい男に「隙」を見出してもらえたら幸いです、私が溺れてしまう前に。

おわりに

この本が書店に並ぶ頃はわかりませんが、少なくとも現段階では、タイトルがしっくり来ていません。はっきり言って、気に入っていません。せっかく読んでいただいた方にこんなことを言って申し訳ないのですが、もともと違うタイトルだったのです。

「本を書きませんか？」

と、出版社の方に声を掛けていただいたのが、今年の1月末。文章を書くことは嫌いではないものの、一冊を書きおろせるだろうか。そんな不安を抱きながらも、的確なアドバイスとステイホームが後押しし、スムーズに筆は進み、日に日にエッセイは溜まっていきました。

「これで本を出しましょう」

書籍化が決まった時、自ら候補としてあげたタイトルを、とても気に入ってくれました。もちろん、私自身も。皆が、このタイトルの本が書店に並ぶと思っていた矢先、ライバルが現れたのです。

「世の中と足並みがそろわない」

潮目が変わりました。せっかく決まるところだったのに、誰がこんなフレーズを持ち込んだのか。何を隠そう、この私。ただ、タイトルではなく、宣伝コピーとして提案したものだったのですが、編集部の反応が良すぎたため、昇格してしまったのです。付き添いで来てもらった友人がオーディションに合格してしまうような気分です。自分から生まれた言葉とはいえ、嬉しくない昇格。そうして、出版社とも足並みがそろわなくなりました。

クラシック音楽においては、より売るために出版社が勝手にタイトルをつけることは珍しくありません。ベートーベンのピアノソナタ「月光」は、もともと「幻想曲風ソナタ」という題名が付されていたのですが、彼の死後、とある詩人が「湖の月光の波に揺らぐ小舟のよう」と表現したことがきっかけで、「月光ソナタ」という名称が出版物で使用されるようになりました。

世界的大作曲家を引き合いに出すのもなんですが、納得のいかないタイトルをつけられてしまった私は、悶々とした日々を送ることになります。かつての私なら、編集者の提案を突っぱねていたでしょう。我を通していたでしょう。「月光」のように広く愛されても、自分が愛せないのなら意味がない、と。

今回は大人になりました。人生で初めて、足並みをそろえました。そもそも出版の話を持ちかけてくれたこと、そして、この方がわかりやすいという編集部の熱意を信じて。こんなに辛いことなのですね。私はやはり、そろわない人間。いまなお続く、葛藤の日々。やがて反動が来るでしょう。このエネルギーを利用して、いつか世に送り出したいと思っています、「溺れる羊」という本を。たとえ、そろわなくても。

本書は書き下ろしです。

装幀　新潮社装幀室

世《よ》の中《なか》と足《あし》並《な》みがそろわない

発　行　2020年11月15日

著　者　ふかわりょう

発行者　佐藤隆信
発行所　株式会社新潮社
〒162-8711　東京都新宿区矢来町71
電話　編集部　03-3266-5550
　　　読者係　03-3266-5111
https://www.shinchosha.co.jp

印刷所　株式会社光邦
製本所　加藤製本株式会社

ISBN 978-4-10-353791-5 C0095